SPORTIVITY

Die Zukunft des Sports

Huber, Thomas

IMPRESSUM

Herausgeber
Zukunftsinstitut GmbH
Kaiserstr. 53, 60329 Frankfurt
Tel. + 49 69 2648489-0, Fax: -20
info@zukunftsinstitut.de

Chefredaktion
Thomas Huber

Autoren
Thomas Huber, Anja Kirig,
Verena Muntschick

Lektorat
Franz Mayer

Grafik-Design
Daniela Mecklenburg

Cover-Bild
iStock/Mikateke/elly99

ISBN 978-3-938284-85-8

2

VORWORT

Liebe Leserinnen und Leser,

der Sport erscheint uns heute völlig selbstverständlich. Wir schauen uns WM-Spiele im Fernsehen an, gehen auf Fanmeilen zum Public Viewing, unterhalten uns bei gesellschaftlichen Anlässen über den Ski-Urlaub oder den Wander-Aktiv-Trip nach Kreta.

Wenn es gut läuft, haben wir in der Mittagspause oder nach Arbeitsschluss genug Zeit für unseren täglichen Lauf, einen Abend die Woche gibt es familienfrei, um in der Freundesmannschaft Handballspielen zu gehen. Diese Selbstverständlichkeit unseres Lebensalltags ist aber keineswegs eine Konstante unserer Geschichte. Es gab lange Zeiten ohne Sport – und es könnte sie wieder geben.

Sport ist immer ein Zeichen hoch entwickelter Gesellschaften. In diesen übernimmt er eine Reihe von Funktionen, denen wir in dieser Studie nachgehen möchten. Welche Rollen, neben der identifikatorischen, die er klassisch bei großen Events erfüllte, oder der politischen, nach der über ihn immer auch Ideologien, Weltsichten oder Machtansprüche transportiert werden, kann der Sport in unserer spät-individualistischen Gesellschaftsform ausfüllen?

Es zeigt sich, dass der Sport eine Vielzahl von Funktionen übernimmt oder noch übernehmen wird, die alle auf bestimmte Bedürfnisse der Menschen antworten. Der Zeitpunkt spielt dabei eine große Rolle: Wenn wir davon sprechen, dass der Sport ein Bedürfnis nach Unmittelbarkeit übernimmt, dann liegt das vor allem an den Wirkungen der beiden Megatrends Konnektivität und New Work, die große Bereiche unseres Lebens derzeit radikal umkrempeln. Wer jeden Tag mit der Axt in der Hand im Wald arbeitet, fühlt kaum einen Mangel an Unmittelbarkeit. Wenn wir davon sprechen, dass Sport das ideale Umfeld ist für die widersprüchlichen freien Bindungsmodelle des 21. Jahrhunderts, dann verweist das auf die Megatrends der Individualisierung und der Globalisierung mit ihren weltweiten Migrationsströmen, die eine neue Gemeinschaftsbildung als Reaktion, als Wunschbild nach sich ziehen und nach anderen, offeneren Strukturen verlangen als der traditionelle Vereinssport deutscher Prägung.

Wir versuchen, dem Sport in dieser Studie von vielen Seiten näher zu kommen. Denn er ist eben ein extrem umfangreiches, breites Phänomen: Ein riesiger Markt für Inhalte, für Kleidung, für Ausrüstung, für Dienstleistungen, für Ernährung und Gesundheit. Es geht um mehr als nur aktiv versus passiv oder Leistungssport versus Freizeitsport.

Wir versuchen, über den Schlüssel der Bedürfnislagen dem gesamten Phänomen Sport Rechnung zu tragen, denn wir verstehen es als unsere Aufgabe, gesellschaftlichen Wandel sichtbar zu machen. Der speist sich in hohem Maß aus dem Wunsch des Einzelnen nach Veränderungen, Verbesserung eines aktuellen Zustands – der Erfüllung eines kurz- oder langfristigen Bedürfnisses. Der Wunsch des Einzelnen wird in der Betrachtung der Vielen zu den Trends, die den Sport in den kommenden Jahren prägen werden.

Wir wünschen Ihnen eine anregende Lektüre und inspirierende Erkenntnisse; herzlich, Ihr

Thomas Huber
Chefredakteur

INHALT

INHALT

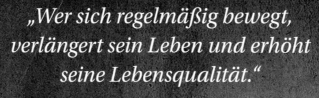

„Wer sich regelmäßig bewegt,
verlängert sein Leben und erhöht
seine Lebensqualität.“

Professor Ingo Froböse,
Zentrum für Gesundheit (ZfG),
Deutsche Sporthochschule Köln

JEDES MOLEKÜL
BEWEGT SICH

Sport ist zu einer treibenden Kraft vieler Gesellschaften geworden: ein Markt, eine Bewegung, ein Teil des Lebens. In den kommenden Jahren wird er nun zum integralen Teil auch der Arbeitswelt. Sport wird zu einem Spiegel der Bedürfnisse unserer Kultur.

Sportivity – Sport als Modell postmoderner Gesellschaften

Von Sport zu Sportivity: In Zukunft wird es nicht mehr darum gehen, Rekorde zu brechen, sondern darum, ein neues Lebensgefühl im Alltag zu verankern. Dieses Phänomen wird den Sport der kommenden Jahre massiv verändern. Die Gesellschaft des 21. Jahrhunderts wird sich ein komplett neues sportliches Universum schaffen.

Die Zukunft des Sports ist alles andere als eindimensional. Welten scheinen zu liegen zwischen einer Hochleistungsmaschine im Profisport, dem verspielten Einradfahrer, dem Sky-süchtigen Couch-Potato und dem ledrigen Marathon-Oldie. Berühren sich die Vorstellungen eines Triathleten und eines Slow-Walkers, wenn sie sich am Seeufer begegnen? Welche Verbindungen gibt es zwischen dem Pulk an Fahrradfahrern an der roten Ampel? Haben die 70-jährige Rentnerin und die 20-jährige Studentin etwas Gemeinsames, wenn sie nebeneinander auf der Yogamatte stehen?

Alle machen irgendwie Sport – selbst wenn sie es bei sich oder dem anderen gar nicht als solchen bezeichnen würden. Sport ist so ausdifferenziert wie die Gesellschaft des 21. Jahrhunderts. Und aus diesem Grund wollen wir seine Zukunft ergründen. Denn Sport ist sowohl Spiegel, Zielbild wie auch zunehmend zentraler Inhalt unseres Lebens.

Die sieben Bedürfnisse

Bewegung ist ein Grundbedürfnis jedes Menschen. Ein Grundbedürfnis, das sich je nach der individuellen Lebenssituation anders äußert. Soweit unsere These.

Wir werden in dieser Studie den Sport daher aus der Perspektive der Bedürfnisse untersuchen und zum einen der Frage nachgehen, welche Rolle der Sport bei der Befriedigung aktueller Bedürfnisse spielt, und zum anderen, welche Entwicklungschancen sich daraus für den Einzelnen, die Gesellschaft und die Wirtschaft ergeben. Sieben Hauptmotive haben wir erarbeitet, welche die Sportler antreiben und aus denen sich folgende Prognosen erstellen lassen:
• welche Einstellungen zum Sport künftig relevant werden
• welchen Sport die Menschen sehen wollen
• welche Arten von Sport sie treiben werden
• wo und wann sie Sport machen werden
• welche Märkte, Dienstleistungen und Produkte den Sport der Zukunft prägen werden

Grundrecht auf Sport

Wird es künftig ein Grundrecht auf Sport geben? So wie es ein Grundrecht auf körperliche Unversehrtheit gibt, das seit 1949 im deutschen Grundgesetz[1] verankert ist? Der Gedanke ist nicht abwegig, denn der Mensch ist ein biologisches Wesen und kann ohne Bewegung nicht leben. Studien[2] zeigen, dass Menschen ohne Bewegung

Die Sport-Bedürfnis-Matrix

Sport adressiert sieben Bedürfnisse moderner Gesellschaften. Antworten auf diese Anforderungen zu finden, wird die Aufgabe aller Beteiligten und Institutionen der kommenden Jahre sein.

1

Bedürfnis: **Unterhaltung**

Sport als Entertainment und Event

Modus: passiv / vorrangig immateriell
(bis auf Merchandising)
Fokus: Medien / klassisches Sportsystem
Effekt: Community / Gemeinschaftserlebnis

5

Bedürfnis: **Selbsterweiterung**

Sport als Enhancement

Modus: aktiv / extrem
Fokus: Grenzen verschieben
Effekt: Erfahrungen / Erlebnisse

2

Bedürfnis: **Selbstdarstellung**

Sport als Image-Faktor für den Einzelnen

Modus: passiv / vorrangig materiell
Fokus: Konsum
Effekt: Bestätigung / Image

6

Bedürfnis: **Identitätsbildung**

Sport als Vergemeinschaftung

Modus: aktiv / community-orientiert
Fokus: Community
Effekt: Integration

3

Bedürfnis: **Ausgleich**

Sport als Zustandsregulierung

Modus: aktiv / ad hoc / situativ
Fokus: Entspannung / Wellness
Effekt: Spaß und Freude, Entlastung

7

Bedürfnis: **Thrill**

Sport als Lebenssinn

Modus: aktiv / körper-philosophisch
Fokus: Adrenalin
Effekt: Leben!

4

Bedürfnis: **Gesunderhaltung**

Sport als Vorsorge und Pflicht

Modus: aktiv / kontinuierlich / geplant
Fokus: Selfness
Effekt: langfristiges Wohlbefinden

i

Bedürfnis-Matrix

Sport wird aus unterschiedlichen Bedürfnissen heraus praktiziert. Diese generieren sich aus drei Komponenten, dem Aktivitätsindex (Modus), einer primären Motivation (Fokus) sowie einer sekundären Wirkung (Effekt).

Sport gibt Lebensenergie, unabhängig davon, wie und wo die Bewegung stattfindet

in rasanter Geschwindigkeit verfallen, degenerieren und ihr Leben drastisch verkürzen. Auch das Gegenteil wird intensiv beforscht: Professor Ingo Froböse vom Zentrum für Gesundheit (ZfG) der Deutschen Sporthochschule Köln fasst das Ergebnis einer Studie seines Instituts zusammen: „Wer sich regelmäßig bewegt, verlängert sein Leben und erhöht seine Lebensqualität."[3]

Mit dem Thema Lebensqualität ist auch einer der zentralen Faktoren benannt, um die es in den kommenden Jahren gehen wird, wenn vom Sport die Rede ist. Denn gemäß der Grundthese rund um den Megatrend Gesundheit, dass es für die Menschen in den kommenden Lebensumfeldern vor allem um die Frage der nötigen „Lebensenergie" gehen wird,[4] liegt es nahe, einen der Haupttreiber der Menschen in der Bewegung und somit auch im Sport zu sehen.

Historisch ist es über die meiste Zeit der menschlichen Geschichte kein Thema gewesen, sich über mehr Bewegung Gedanken zu machen. Bewegung war einfach nicht vermeidbar. Das gesamte Leben war durch und durch von permanenter körperlicher Bewegung bestimmt. Das Ziel war ganz im Gegenteil, mit der Bewegung ökonomisch umzugehen, um Kraftreserven

nicht unnötig zu vergeuden – die andere Seite unserer biologischen Natur, die immer auf Reserven bedacht ist, die in einem unerwarteten Ernstfall gebraucht werden könnten. Dies erklärt den ebenfalls tief im Menschen verankerten Wunsch, sich nicht zu viel zu bewegen, sondern auf Hilfsmittel zu sinnen, um Kraftanstrengungen zu reduzieren.

Sich bewegen wäre gut

Insofern verwundert es nicht, dass die Wurzeln des modernen Sports als Phänomen für jedermann in dem Moment zu sprießen beginnen, zu dem der Mensch mit der Industrialisierung das Thema der körperlichen Arbeit ins Visier nimmt. Maschinen beginnen ab dem späten 18. Jahrhundert die körperliche menschliche Arbeitsleistung auf breiter Front zu ersetzen. Ein historischer Megatrend, der sich bis ins ausgehende 20. Jahrhundert zunehmend beschleunigt, um mit der Digitalisierung einen Endpunkt zu erreichen. Für einen großen Teil der Menschen in den industrialisierten Ländern ist Arbeit heute nicht mehr gebunden an körperliche Tätigkeit. Arbeit in der Wissensgesellschaft wird zunehmend virtuell, kreativ, kommunikativ. Bewegung heißt in diesem Kontext heute Mobilität und wird geleistet durch Maschinen.

Doch der Mensch kann sich nicht nicht bewegen. Da er es aber nicht mehr zwangsläufig tun muss, um seinen Lebensunterhalt zu sichern – denn seine Arbeit ist virtualisiert und findet weitgehend bewegungslos statt –, sucht sich die Bewegung einen neuen Aggregatszustand. Sie emanzipiert sich von der Arbeit und verbindet sich mit dem Sport. Bewegung ist damit nicht mehr erzwungen, sondern frei. Sie wird zu einem elementaren Baustein der aktiven Gesunderhaltung, der Lebensenergie. Zum ersten Mal in der Geschichte der Menschheit kann sich die Mehrzahl der Menschen überlegen, welche Art der Bewegung sie will. Das erklärt die Vielfalt, die der Bereich Sport mittlerweile zeigt und worin ja noch keinerlei Abflauen an Innovation zu erkennen ist. Wie viele Sportarten es gibt, weiß kein Mensch, allein Wikipedia[5] listet weit über 400 auf, ohne Unterdisziplinen, dabei aber schöne Varianten wie:

- Speed Flying
- Tretze
- Rundbold
- Rasenmähertreckerrennen
- Line Dance
- Kutterpullen
- Hornussen
- Disco-Dogging

Sport ist ein weltumspannendes Phänomen – wohl alle Kulturen der Erde verstehen den grundsätzlichen Ansatz, Bewegung um der Bewegung willen zu tun. Die Innovationsrate ist entsprechend hoch. Immer mehr Kombinationen oder Extremisierungen werden erfunden, immer mehr „softe Bewegungsformen" als „sportlich" erkannt. Beispielsweise der Waldspaziergang, der nicht nur gesundheitsfördernd wirkt, sondern bei vier Kilometer Strecke nicht wesentlich weniger Kalorien verbraucht, als wenn das Ganze joggend zurückgelegt wird.[6]

Am Wetter liegt es nicht. Jedenfalls meistens.

Umfrage zu den Gründen, die deutsche Erwachsene davon abhalten, Sport zu treiben (2013)
(Anteil der Befragten in Prozent)

Fehlende Motivation	45
Krankheit, körperliche Einschränkungen oder Übergewicht	37
Keine Zeit, beruflich zu stark eingespannt	33
Keine Zeit, aktuell privat zu sehr eingespannt	26
Schlechtes Wetter	21
Fehlende Trainingspartner	18
Ist mir zu teuer	18
Schäme mich beim Sport	9
Scheue den Leistungsvergleich	8
Kein Interesse an Bewegung	7
Verletzungsrisiko zu hoch	6

Quelle: Techniker Krankenkasse, 2013

Je älter, desto achtsamer

„Achten auf ausreichende Bewegung" - Häufigkeit nach Geschlecht und
Altersgruppen in Prozent (95% Konfidenzintervall)

Frauen: gering ▨ teils/teils ▨ stark
Männer: gering ▨ teils/teils ▨ stark

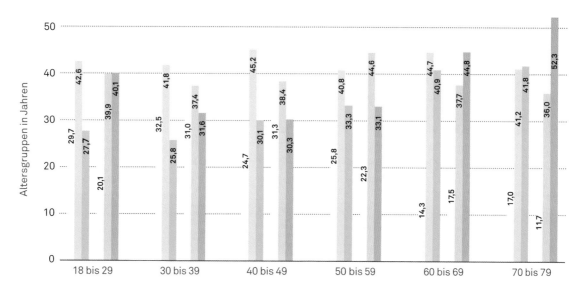

Quelle: Robert Koch-Institut, 2013

Somit erweist sich die spezifisch deutschsprachige Definition des Begriffs „Sport" als ausgesprochen zukunftsfähig: In den meisten anderen Kulturräumen ist diese Definition wesentlich enger gefasst und auf den Bereich des Wettkampfsports begrenzt. Im angelsächsischen Umfeld rangieren Besuche im Fitnesscenter, Yogakurse und Feierabendjogging beispielsweise keineswegs als Sport, sondern als „physical excercise" oder „kinesiology". Ob vor diesem Hintergrund die Definitionen der internationalen Institutionen in und außerhalb des Sports in die richtige Richtung zielen, wenn sie das Thema „Sport" von Gesundheit und Bewegung entkoppeln und zunehmend auf den Wettbewerb verengen, darf bezweifelt werden.

Neu: Ansteigende Sportarten ab 50

Wir stehen vor einem Tipping Point. Die Bewegung gewinnt an Freiheit, nicht zu verwechseln mit Zweckfreiheit, denn das ist sie nur, wenn man davon ausgeht, dass es kein Zweck des Menschen ist, sich als biologisches Wesen zu

erhalten. Unter den alten Prämissen einer Arbeitsgesellschaft galt als zweckfrei, was nicht dem System der Arbeit angehörte. In den klassischen Zeiten der Industriegesellschaft war dieses System eindeutig beschreibbar. Routinemäßige Tätigkeit in mechanischer Wiederholung in einer fest definierten Zeitspanne. Insofern war Sport über lange Zeit der „Ausgleich" zur Arbeit. Büroarbeiter, schon seit Jahrzehnten in den Office-Silos der gewerblichen Trabantenstädte oder den Cubicles von Großraumbüros gefangen wie in Legebatterien, reagierten nach Dienstschluss ihren Bewegungsdrang ab wie Hunde beim Gassigehen. Doch die Veränderung durch den Megatrend New Work verwandelt auch die Arbeitswelt immer weiter. Ortlose, körperlose und zeitliche entkoppelte Arbeit lässt die Grenzen zwischen Arbeitszeit und Freizeit zunehmend verschwinden. Das Bedürfnis nach Bewegung aber bleibt.

Untersuchungen des sportlichen Aktivität zeigen immer wieder: Bis zum Beginn der Arbeitskarriere steigt die Intensität der sportlichen Betätigung an, dann fallen die Werte steil ab. Das hat allerdings einen leicht zu erklärenden Grund: 59 Prozent der Deutschen sagen, sie hätten aus beruflichen und privaten Gründen keine Zeit, um sich sportlich zu betätigen.[7]

Wie wichtig der Faktor Zeit in dieser Betrachtung ist, zeigt auch eine Studie des Robert-Koch-Instituts zur Gesundheit der Deutschen.[8] Die darin erhobenen Zahlen belegen, dass Frauen wie Männer ab einem Alter von 50 Jahren vermehrt (wieder) auf „ausreichende Bewegung" achten, also in der Phase nach der sogenannten „Rush Hour des Lebens", wenn Eigenzeit wieder stärker verfügbar wird.

Damit eröffnet sich ein Dilemma. Auf der einen Seite steht die Arbeitswelt:
• Die demographische Entwicklung wird uns dazu zwingen, länger zu arbeiten.

Triade des Sports

Leistung, Lebensenergie und Identität sind die drei Grundpfeiler des Sports und werden zur Notwendigkeit einer funktionierenden Zivilgesellschaft im Postindustrialismus

LEISTUNG =
erfüllt Einordnungsfunktion:
„Wo stehe ich im Vergleich zu anderen?"

LEBENSENERGIE-TOPOS =
alles rund um aktive Gesundheit und den physiologischen/körperlichen Aspekt der Bewegung für das Individuum

FUNKTION DES SPORTS

IDENTITÄT =
Selbstbestätigung über die Teilhabe an einer oder mehreren Communitys

Die drei Grundfunktionen des Sports referieren auf das Werteset einer hyperkulturellen Gesellschaft

Quelle: Zukunftsinstitut 2014

Mythos Bewegungsmangel: Es wird mehr gesportelt als vor 15 Jahren

Anteil der regelmäßig mindestens zwei Stunden pro Woche sportlich Aktiven im Vergleich zwischen dem Bundes-Gesundheitssurvey 1998 (BGS98) und der ersten Erhebungswelle der Studie zur Gesundheit Erwachsener in Deutschland 2013 (DEGS1)

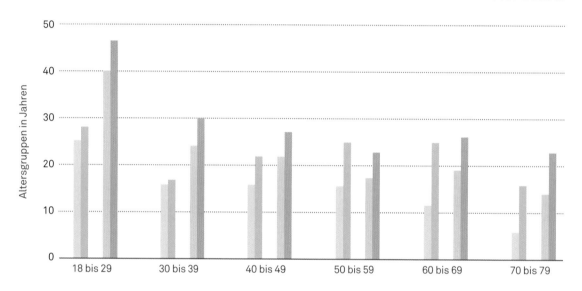

Frauen: BGS98 DEGS1
Männer: BGS98 DEGS1

Quelle: Robert Koch-Institut, 2013

• Der Megatrend New Work wird den Anteil voll erwerbstätiger Frauen steigern.

• Der Megatrend Konnektivität in Kombination mit New Work macht körperliche Bewegung bei der Arbeit immer weniger bedeutsam.

Auf der anderen Seite steht das Grundbedürfnis nach Bewegung und die Schwierigkeiten, dieses zu erfüllen:

• Höhere Lebenskomplexität durch Multi-Rollen-Anforderungen, dadurch sinkende Kontingente ungeplanter Restzeiten vor allem in der Altersgruppe von 30 bis 50.

• Gesteigerte Anforderungen an Mobilität und Flexibilität, die oft nicht zu Fuß oder mit dem Rad bewältigt werden können.

• Ein immer weiter steigendes Bewusstsein in der Bevölkerung, dass „Alterung" im Individualismus auch bedeutet, als Einzelner mehr Verantwortung dafür zu tragen, auf die richtige Art und Weise zu altern.

Die in den Medien gerne postulierte These einer grundsätzlichen Ablehnung von Sport oder der Überzeugung, Bewegung wäre unnötig, lässt sich nicht halten. Gerade einmal 7 Prozent der Menschen sagen, sie hätten kein Interesse an Bewegung.[9] Im Vergleich der vergangenen 15 Jahre lässt sich zudem auch erkennen, dass die sportliche Aktivität in allen Altersgruppen insgesamt durchaus zunimmt.[10]

Und es ist genau dieser Zusammenhang zwischen dem grundsätzlichen Bedürfnis nach Bewegung und dem Mangel an Erfüllung dieses Bedürfnisses in einem von der bewegungsarmen Arbeitszeit geprägten Leben, der ein neues Paradigma fördert:

• Die Arbeitswelt wird sich des Sports als Form der freien, naturbedingten Bewegung wesentlich stärker annehmen müssen.

Sitzen, sitzen, Kaffee holen

44 Prozent der Deutschen sitzen in der Arbeit nur am Schreibtisch, weitere 26 Prozent bewegen sich nur mäßig auf dem Weg zum Kaffeeautomaten und zurück.[11] Experten schätzen, dass die meisten Menschen in Deutschland zwischen 1.700 und 5.000 Schritte pro Tag zurücklegen – wünschenswert wären mindestens 10.000. Ein Call-Center-Agent kommt während seiner Arbeitszeit inklusive Pausen auf 1.200.

Die Lösung dieses Dilemmas wird darin liegen, Bewegung auf eine neue Art und Weise in der Arbeitswelt zu integrieren. In den kommenden Jahren wird der Druck durch die Individuen auf Arbeitgeber zunehmen, sich mit dem Grundrecht auf Bewegung auseinanderzusetzen und neue Möglichkeiten für Bewegung im Rahmen der Arbeit zu schaffen. Aber auch die Politik und die Gesellschaft werden neue Lösungen verlangen. Schon länger wird versucht, mit Aktionen wie dem Projekt „10.000 Schritte" die mittlerweile belegbare Gesundheitswirkung zu stärken und so den volkswirtschaftlichen Folgekosten mangelnder Bewegung entgegenzuwirken. Derzeit zielen die Aktionen vor allem auf den Einzelnen, der sich bewegen soll, finden außerhalb der regulären Arbeitszeiten statt und argumentieren mit der Lebensqualität, die er dadurch gewinnt.

Vor dem Hintergrund einer weiter voranschreitenden Vermischung der Arbeits- und Lebenswelten ist jedoch absehbar, dass es vor allem darum gehen wird, auch auf dieser Ebene eine neue Vereinbarkeit zu erzeugen. Das, was für das Topmanagement mittlerweile zum Gradmesser eines erfolgreichen „Images" wird – fit und durchtrainiert zu erscheinen –, wird auch die restliche Arbeitnehmerschar zunehmend einfordern. Insofern können wir an dieser Stelle folgende These aufstellen:

Die Zukunft des Sports ist die Arbeit

Hier liegen die größten noch ungenutzten Ressourcen, um Lebensqualität merklich zu erhöhen. In allen Umfragen unter jungen Arbeitnehmern zeigt sich, dass drei Elemente für das Arbeitsleben im Zusammenklang eine herausragende Rolle spielen: Spaß, Sinn und die Vereinbarkeit von Arbeit und Leben.[12] Körperliche Betätigung erzeugt über die Endorphin-Ausschüttung sinnhafte Erlebnisse. Was könnte intrinsische Motivation besser fördern als die Integration dieses Elements in die Arbeitswelt?

Der Aspekt der Arbeit ist aber auch von anderer Perspektive her interessant. Längst ist aus dem „ganz anderen" Teil des Lebens, der zum Vergnügen oder zum Ausgleich betrieben wird, ein riesiger Arbeitsmarkt geworden. Im „Weißbuch Sport"[13] der Europäischen Union wurde zwar festgestellt, dass kaum vergleichbares Datenmaterial zum Sport als Wirtschaftsfaktor vorliegt (schon 2007 forderte die Kommission die Einführung „nationaler Sportstatistiken", was von einigen Mitgliedsstaaten dann auch umgesetzt wurde), dennoch ergab eine Studie bereits damals, dass der Wirtschaftsfaktor Sport für 3,7 Prozent des europäischen Brutto-Inlandsprodukts stand und immerhin 15 Millionen Beschäftigten einen Job sicherte. Nach dem Abschlussbericht der Kommission zum Thema

Ein Markt für viele: Zum Arbeiten und Geld ausgeben

Anteil der sportbezogenen Bruttowertschöpfung und der existierenden Arbeitsplätze

	Marktvolumen in Mio. EUR	Beschäftigte
Belgien	3,0	71,4
Finnland	2,6	74,2
Frankreich	21,6	416,5
Dänemark	3,7	69,3
Deutschland	46,7	1.146,2
Italien	15,6	329,9
Niederlande	5,8	141,9
Österreich	10,7	243,0
Polen	5,3	225,5
Spanien	10,4	336,2
Griechenland	2,5	70,9
Großbritannien	39,9	632,4

Quelle: Robert Koch-Institut, 2013

Foto: © GoPro/TomWallisch

The Unseen: Ästhetik, Originalität und Kreativität werden zu den neuen Leistungsmotoren im Sport

2012 steht allein in Deutschland der Sport für 46,7 Milliarden Euro Umsatzvolumen und 1,15 Millionen Arbeitsplätze.[14]

Gut für die Life-Balance

Die Themen Sport und Arbeit rücken also auch von dieser Seite her künftig weiter zusammen: Je mehr die Arbeitswelt den Sport als einen Faktor der Life-Balance ihrer Beschäftigten begreifen wird, desto mehr wird der Sport selbst wiederum zu einem Bereich der Arbeitswelt, indem er mehr und mehr berufliche Chancen eröffnet. Während auf diese Weise also das gesundheitlich motivierte Element der Lebensenergie in den Bereich der Arbeit integriert werden wird, kommt auch einem weiteren klassischen Arbeits- und Sportbegriff eine neue Bedeutung zu.

Leistung wird Erfolg

Vor allem das Motiv der Leistung durchläuft in den kommenden Jahren einen interessanten Wandel. Was eine Höchstleistung ist, kann immer weniger eindeutig verortet werden. Woran liegt das?

Im Sport wie in der Arbeitswelt wird die Leistung traditionellerweise mit Quantifizierung verbunden. Schneller 100 Meter laufen, höher über die Latte springen, mehr Gewichtsscheiben reißen oder stoßen. Citius, altius, fortius – schneller, höher, stärker – heißt nicht umsonst das Motto der Olympischen Spiele seit 1924.[15] Doch mit Quantifizierungen haben moderne Gesellschaften so ihre Schwierigkeiten. Denn so einfach, wie es einst schien, Leistung miteinander zu vergleichen, ist es längst nicht mehr. Wie lassen sich „schönere Moves" beim Freestylen bewerten? Wie die bessere Kür im Paarlauf? Seit vielen Jahren bietet dieses System immer wieder Anlass für erbitterte Diskussionen. Aber lässt sich dieses Problem nicht durch feinere Formulierung des Regelwerks lösen, an das man sich dann zu halten hat? Muss man nicht einfach bessere Methoden der Messung finden – Stichwort Videobeweis im Fußball –, um Leistung wieder klar fassbar zu machen?

Die Problematik im Umgang mit der schieren Leistung resultiert aus einem viel umfangreicheren Wandel, als Geschmacksfragen zunächst vermuten lassen. Es ist die Berechenbarkeit selbst, die sich ad absurdum führt. Trendsportarten, die olympisch werden, zeigen das anschaulich. Slopestyler kamen in Sotschi 2014 mit ihren schrillen Outfits gut beim Publikum an, doch schlich sich beim x-ten Salto dann doch schnell Ermüdung ein: zu ähnlich die Sprünge, so spektakulär sie im Einzelnen waren. Der Uniformierungsdruck aus den Wertungen für Schwierigkeiten geht zu Lasten der Originalität. Die Überzeugungskraft der Authentik ist ein fragiles Element im Angesicht punktförderlicher Regelungen.

Wie aussagekräftig bessere Leistungen im Sinne einer alten Überbietungslogik sind, wird vor dem Hintergrund der immer wieder aberkannten Höchstleistungen etwa im dopinggefährdeten 100-Meter-Lauf doch arg in Frage gestellt. Eine Transparenz-fixierte Gesellschaft, in der jeder Fehltritt in weniger Sekunden um die Welt geht, als der schnellste Doper für seine Strecke braucht, macht das alte Weltrekordprinzip so tönern wie das Guinness-Buch der Rekorde, in dem es nur darauf ankommt, wie eng man die Nische definiert, um zum „Weltmeister" zu werden.

Doch das Vergleichen ist dem Sport so eingefleischt wie das Schwitzen der Anstrengung. Allerdings ist Vergleichen nicht immer zwangsläufig mit Konkurrenzdenken gleichzusetzen: Selbst der Individualsportler beim Gang durch den Wald wird schnell bemerken, dass er weiter gehen kann, ohne zu ermüden, dass seine Gedanken freier werden von der Angst, auf nassen Wurzeln ungeschickt auszurutschen – kurz, dass sich sein Körper adaptiert. Ein evolutionär im Menschen verankerter Mechanismus, das Überleben zu sichern. Doch die Sportorganisationen fügen der Erfahrung der Verbesserung das Element der Reglementierung hinzu. Und versuchen dabei die Regeln so einfach wie möglich zu halten. Das enorme Wachstum alternativer Sportarten und alternativer Sportveranstaltungen belegt jedoch, dass diese Bürokratisierung des Regelwerks für viele offenkundig zu wenig kreativen Spielraum beinhaltet.

Dies zeigen auch Reaktionen in der Sportbeobachtung. In den Medien kann man immer wieder sehen, dass die Loser durch Brechen der Erwartungsregeln zu „moralischen" Siegern bei den Zuschauern und den Reportern werden. Ein Phänomen, das auf die höherkomplexen Anforderungen verweist, unter denen moderne Gesellschaften Leistung einordnen. Gut verlieren kann auch eine Leistung sein, wie der legendäre Skispringer Eddy the Eagle zeigte, der in sämtlichen Wettkämpfen letzte Plätze belegte und trotzdem zum Star wurde. Eine Quantifizierung allein reicht nicht mehr, wenn die Bezugskategorien ihre Bindungskraft verlieren und aus individueller Leistung persönlichen Erfolg werden lassen.

Always on: Erreichbarkeit von Arbeitnehmern

Umfrage zur Erreichbarkeit von Erwerbstätigen außerhalb der Arbeitszeit 2012 (Deutschland).
Sind Sie außerhalb der Arbeitszeit für Ihre Vorgesetzten oder Kollegen erreichbar?
(Anteil der Befragten in Prozent)

Ja, Handy- und Festnetznummer ist bekannt	38,7
Ja, Handynummer ist bekannt	32,4
Ja, Festnetznummer ist bekannt	16,2
Nein, weder Handy- noch Festnetznummer sind bekannt	12,7

Quelle: DAK-Gesundheitsreport 2013

Zwei Gründe sind bedeutsam für den Wechsel der Ebenen

1. Moderne Gesellschaften werten viel mehr als nur einzelne Kriterien

Einzelne Kennzahlen spiegeln lineare Abläufe. Sie funktionieren innerhalb eines in sich geschlossenen Systems. Menschen sind aber mehr und mehr gewohnt, in Zusammenhängen und Prozessen zu denken statt in Einzelmomenten, denn komplexe, vernetzte Strukturen sind wesentliche Treiber der gegenwärtigen Veränderungen unserer Welt. Auch das System des Sports ist immer komplexer und verwobener geworden, als dass es eine Reduktion auf einen Wert ausdrücken könnte. Was hat der Steuerbetrug von Uli Hoeneß mit dem Erfolg des FC Bayern zu tun? Mit dem Punktestand der Tabelle nichts, mit dem Erfolg des FC Bayern als komplexem Gesamtsystem für die meisten Menschen jedoch sehr viel.

2. Kulturelle Prozesse verlangen höherkomplexe Lösungen

Die Abhängigkeit der Subsysteme entsteht durch immer weiter wachsende, tiefere Verflechtung. Sportler brauchen Medien brauchen Sponsoren brauchen Image braucht Vertrauen. Die Lösung kann daher nicht in einer immer weitergehenden Reglementierung als Vereinfachung liegen, sondern nur in der Anwendung einer höherkomplexen Kategorie. Daher wird Erfolg als offenere Kategorie künftig die Leistung ablösen. Erfolg kann auch darin liegen, eine Verletzung zu überwinden, eine Depression zuzugeben oder sich als Profisportler nicht eindimensional auf das Training zu verengen und aus Ausweglosigkeit beim Doping zu enden.

Ein Blick in die Arbeitswelt verdeutlicht den gesellschaftlichen Gesamtbezug. Bestleistung als Bewertung funktioniert nach dem Modell der Industriegesellschaft: sich abheben vom Rest. The winner takes it all. Es gibt einen eindeutigen Beginn und ein eindeutiges Ende. Ein Endwert schafft Klarheit. Das verlangt nach einer klaren Formulierung der Spielregeln, da andernfalls nicht verglichen werden kann.
Diese vereinfachende Grundannahme erscheint in immer mehr Bereichen als nicht mehr darstellbar oder gefährlich. Im privaten Erleben verschwimmen die Grenzen: 52 Prozent der Deutschen sagen: „Ich bin der Meinung, Freizeit und Beruf lassen sich heute gar nicht mehr so deutlich voneinander trennen"[16], 87,3 Prozent der Arbeitnehmer sind auch nach Dienstschluss erreichbar.[17] Im ökonomischen Sektor wird seit langem die Orientierung an kurzfristigen Kennzahlen in Form von Quartalsgewinnen kritisiert, die der Realität durch die verengte Bewertung der Renditeleistung des Unternehmens in einer komplexen Wirklichkeit mit vielen langfristigen Prozessen in keiner Form gerecht wird.

Der allgemeine Trend zur Kategorisierung, Bewertung und Methodisierung steht in scharfem Widerspruch zur Grundbehauptung des Individualismus: „Es muss zu meinem Weltbild passen – nicht zu dem eines anderen oder der Allgemeinheit!" Dieser individualistische Ansatz formuliert sich gerade als Gegenentwurf zu allgemeinverbindlichen Regeln. Im Zuge eines Spät-Individualismus zeigen sich interessante Phänomene.

Sport in der Gleichzeitigkeit

Einerseits bewegt sich die Gesellschaft durch die Vernetzung massiv in Richtung einer Gleichzeitigkeitsgesellschaft, in der vor allem die Gegenwart zählt, sichtbar beispielsweise in der Posting-Kultur von Facebook oder Google+. Der Philosoph Byung-Chul Han[18] liefert ein Erklärungsmodell für das darunterliegende Phänomen. Er analysiert, dass sich die Zeit von ihrer Linearität befreit habe, und ordnete dieses Phänomen in die Entwicklungsphasen der Menschheit ein:

1. Phase: Die Zeit ist undefiniert. Niedrig-komplexe Gesellschaften leben im „Jetzt" und haben ein zyklisches Verständnis von Zeit im Sinne eines ewigen, göttlichen Plans der Wiederholung. Eine Selbstreflexion des eigenen Seins in der Zeit findet nicht statt. Sport steht hier als Wettkampf, der den realen Kampf auf Leben und Tod ersetzt.

2. Phase: Die Zeit wird linear. Sie bekommt ein Ziel. Zeit schreitet zugunsten des Fortschritts voran und hat damit eine eindeutige Bewegung, die alle teilen: Wo der Mensch ist, ist vorne. Dieser Fortschritt lässt sich messen und über Zahlen bestimmen. Es begünstigt das Spezialistentum. Im Sport steht diese Phase für das System der Weltrekorde.

Erfolg im Sport heißt nicht Gewinnen,
sondern kann auch darin liegen, eine
Verletzung zu überwinden

Foto: Speedminton

Identifikation mit einer Mannschaft kann temporär befristet sein

3. Phase: Der Zeitstrang löst sich auf. Zeit besteht nur noch aus lauter Zeitpunkten, zwischen denen keine geordnete Verbindung mehr existiert. Die Folge ist eine Diktatur der Gegenwart. Die Komplexität geht gegen unendlich: Festhalten ist sinnlos, Fließen, der Flow, wird zum zentralen Motiv. Zufällige Kombinationen lassen neue Ideen entstehen.

Sport als neue Gemeinschaftsbildung

Die Gleichzeitigkeit als eine Folge der individualistischen Weltdeutung führt nun zu einem zweiten Phänomen: Posten, Vernetzen, Likes und Dislikes sind kommunikationsorientierte Handlungen, mit dem Ziel einer momentanen Einordnung, gerade weil ein allgemeingültiger Maßstab der Vergleichbarkeit abhanden gekommen ist. Solche Vergleiche schaffen temporäre Identifikation oder die Zugehörigkeit zu einer Gruppe. Das ist das Grundmotiv des „Integrierten Individualismus": Der Einzelne schließt sich – aus freien Stücken – zu unterschiedlichen Zeiten unterschiedlichen Gruppen an, von denen er annimmt, dass sie sein Bedürfnis nach Identitätsbildung stärken. Moderner,

zugänglicher Sport, egal ob aktiv oder passiv betrieben, erweist sich in diesem Zusammenhang als ein hervorragendes Vehikel für eine „Re-Sozialisierung" der Individuen.

Ein Beispiel: Ein Fan des FC Bayern München muss das Ausscheiden seiner Mannschaft in der Champions League im Achtelfinale verkraften. Der folgende Wettkampf könnte ihm nun gleichgültig sein. Im Viertelfinale steht er beim Public Viewing plötzlich auf Seiten von Arsenal London – die haben schließlich reihenweise Deutsche in ihrem Club. Eine temporäre Identifikation mit dem vorherigen Gegner macht's möglich.

In einer multigrafischen Gesellschaft kann der Einzelne also sehr vielen Arten von Sportgemeinschaften länger- oder kurzfristig angehören, denn er nutzt sie sozusagen als Eintrittskarte in eine neue Wir-Gesellschaft.
Interessanterweise leben gerade die profilierten Leistungssportler diese Welt prototypisch vor: Weltfußballer Cristiano Ronaldo hat nicht nur 67 Millionen

Facebook-Fans, sondern betreibt sogar sein eigenes soziales Netzwerk „Vivaronaldo" als den „Ort, wo meine wahren Fans sind".[19] Profi-Sportler sind zugleich Teil des alten und des neuen Systems.

An die Stelle der früheren Leistungsmessung wird im gesamtgesellschaftlichen Zusammenhang künftig vermehrt die Kategorie „Erfolg" treten, denn sie vereint auf einer höheren Ebene die Anforderungen, die an den modernen Sport gerichtet werden: Wettbewerb und Leistungsdemonstration zu ermöglichen, ohne Aspekte wie Gesundheit, Wohlergehen, Lebensqualität und Achtsamkeit auszuschließen. Die komplexere Kategorie Erfolg steht für den Wechsel dessen, der die Wertung vornimmt:

Erfolg ist Sache des Individuums und der Community, Leistung ist Sache der Regeln.

So wird es künftig kein Widerspruch sein, erfolgreich im Sport wie im Beruf zu sein, auch wenn man statt Leichtathlet eben Trendwanderer ist und wahlweise in einem Pflegeberuf oder als Broker arbeitet. Weil der Maßstab breiter gefasst wird, was Erfolg bedeuten kann.

Blicken wir zurück auf die Eingangsfrage, was der Triathlet mit dem Slow-Walker, die Fahrradfahrer an der roten Ampel, die alte Dame neben dem jungen Mädchen im Yogastudio für Berührungspunkte haben, und betrachten all diese Sportler aus der Perspektive, dass Bewegung ein Grundbedürfnis ist, so geben unsere drei zentralen Thesen darauf eine Antwort:

• Bewegung ist ein Grundbedürfnis der Menschheit
• Sport wird zur Arbeit
• Individueller Erfolg wird zum neuen Leistungsbegriff

Sportivity: Wirkungsfeld Sport
Gründe und Ziele der Sportreibenden

Sport ist Arbeit

Middle Ager und
Best Ager

Selbsterweiterung &
Enhancement

**Sport ist
Zustandsregulator**

Gesunderhaltung &
Vernunft

Middle Ager und
Best Ager

Ausgleich &
Wohlfühlen

Früher waren die Themen Bewegung und Sport auf einer eindimensionalen Ebene gefangen: Es ging um körperliche Arbeit und/oder um die Frage nach Sieg oder Niederlage.

In der postindustrialisierten Gesellschaft differenziert sich der Begriff aus: Sport, Bewegung werden zunehmend mehrdimensional begriffen. Sport ist heute gleichzeitig Bewegung, Wettkampf und Gesundheit, er ist Partizipation, steht für Erfolg und wird zudem nicht immer als Sport verstanden.

**Sport ist
Prosuming**

Der Mensch muss sich bewegen – gerade in der sitzenden Wissensgesellschaft. Bewegung fördert Kreativität und damit Innovationen. Die Zukunft des Sports ist damit ein Thema der Arbeit, sie liegt im Beruf. Sie ist Notwendigkeit einer funktionierenden Zivilgesellschaft.

Youth, Young and
Middle Ager

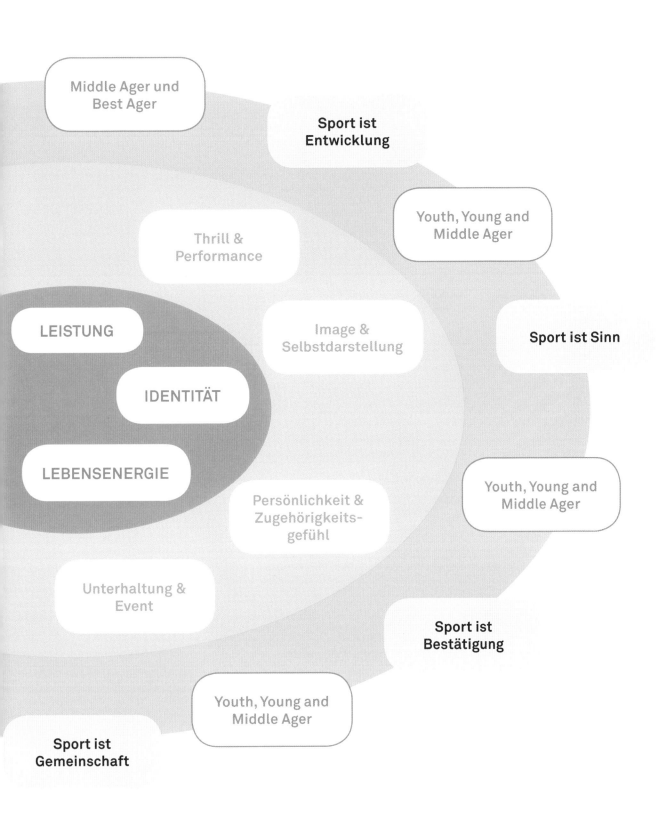

Middle Ager und Best Ager

Sport ist Entwicklung

Youth, Young and Middle Ager

Thrill & Performance

LEISTUNG

Image & Selbstdarstellung

Sport ist Sinn

IDENTITÄT

LEBENSENERGIE

Youth, Young and Middle Ager

Persönlichkeit & Zugehörigkeits- gefühl

Unterhaltung & Event

Sport ist Bestätigung

Youth, Young and Middle Ager

Sport ist Gemeinschaft

„Das Geld ist sowieso
schon verbraten, jetzt können
wir auch feiern.“

Der Schriftsteller Wladimir Kaminer im
Vorfeld der Winterolympiade 2014

SHOWTIME!

Unterhaltungssportler verändern ihr Image: Weg vom Couch-Potato, hin zum Co-Aktiven. Die Ereignisse auf dem Rasen, auf den Rängen und auf dem Sofa verschmelzen zu einer gemeinsamen Sportaktivitäts-Welt – in der beide Teile aktiv und im Austausch sind.

Der Zuschauer wird zum Co-Aktiven

Bewegung, Wettkämpfe und Vereinskultur in ihrer künftigen
Rolle als Plattform für Event und Erlebnis.

(1)

Bedürfnis: Unterhaltung
Sport als Entertainment und Event
Modus: passiv / vorrangig immateriell
(bis auf Merchandising)
Fokus: Medien / klassisches Sportsystem
Effekt: Community / Gemeinschaftserlebnis

Gehen wir davon aus, dass die Zukunft von Sport und Bewegung ein Phänomen der Arbeitskultur ist, müssen auch diejenigen mit einbezogen werden, die trotz vorherrschender White-Collar-Tätigkeiten nicht den ganzen Tag sitzend verbringen. Ob Verkäufer oder Handwerker, Reinigungsfachkräfte oder Gesundheitsdienstleister, Eltern oder Arbeitslose – nicht jedem in der bewegungsarmen Phase zwischen 30 und 60 Jahren mangelt es an Aktivität während des Alltags. So geben 23 Prozent der von der Techniker Krankenkasse befragten Deutschen ab 18 Jahre an, dass sie an einem typischen Wochentag weniger als vier Stunden sitzend verbringen. Und ausgerechnet die Intensivsportler hocken demgegenüber die meiste Zeit auf dem Stuhl (7,3 Stunden am Tag).[1] Selbst wenn es aus gesundheitlicher Perspektive förderlich wäre, wenn der

Maurer Ausdauersport machen würde, die Krankenschwester Rückentraining – der natürliche Bedarf an körperlicher Bewegung ist zunächst einmal in manchen Berufsgruppen gedeckt.

Sind die Computerarbeiter oft im Kopf ausgepowert und brauchen einen körperlichen Ausgleich, sind andere Berufsgruppen physisch ausgepowert und suchen geistige Herausforderungen. Doch Sport ist durch seine allgegenwärtige Präsenz auch für diese Verbraucher ein wichtiges Thema – wenn auch aus einer bewegungsarmen und mehr kreativen Perspektive. Der Unterhaltungsfaktor Sport hat künftig eine doppelte Funktion:
• Er ist zum einen gemeinschaftsfördernd, gibt ein verbindendes Element, das auch temporär und ortsungebunden funktioniert;
• und er bekommt zum anderen zunehmend ein gestalterisches Element. Sport als Unterhaltungsmotiv wird somit künftig eine neue Funktion erhalten – das der Kreativität. Der Nutzer möchte sich einbringen, partizipieren, mitgestalten und auf diese Weise den Sport formen. Wie in allen anderen Unterhaltungsbereichen ist auch im Sportevent die Zeit der reinen Berieselung vorbei.

Die Zuschauer sind das Team
Für den Zuschauer ist das Erlebnis der maßgebliche Gradmesser für ein Event. Er möchte mitfiebern, sich

Bei so einigen Sportveranstaltungen stehlen die Fans den Athleten die Show. Kreativität gehört heute zum Fan-Alltag

temporär identifizieren – und das gar nicht unbedingt mit dem Sport oder dem Sportler, sondern vor allem mit der Menge der Gleichgesinnten. Die Gruppendynamik, die sich aufladende Spannung ist für ihn das Reizvolle, und dieser – sekundäre – Sportbezug ist eine interessante Entwicklung für die ganze Sportbranche. Er bedeutet, dass sich immer mehr Menschen für ein Sportevent begeistern lassen, ohne jegliche Kenntnisse über oder Bezüge zum jeweiligen Sport haben zu müssen.

Das birgt Chancen für Sportevents, die sich jenseits von Fußball und Radrennen neu erfinden können. Es birgt Chancen für all jene Sportarten, die neu sind oder die es noch gar nicht gibt, die sich weniger über Medaillen und Erstplatzierungen in etablierten Sportsystemen konstituieren, sondern mehr über Kreativität und/oder Wahnsinnsmut. Und so kann auch ein Absteigerteam mehr Menschen anziehen als eine Spitzenmannschaft, wenn Authentizität, Dialog, Show und Kreativität gegeben sind.

Im Bedürfnis nach Sportunterhaltung nimmt der Konsument aus der Bewegungsperspektive eine rein passive Rolle ein. Doch selbst wenn der Aktivitätsindex des Konsumenten niedrig bis inexistent zu werten ist, so ist er als „Eventsportler" durchaus Handlungsaktiver – nämlich in der Mitgestaltung des Erlebnisses. Dies ist den Sportveranstaltern in vielen Bereichen noch längst nicht in aller Deutlichkeit klar. Er ist sekundärer

Eventakteur, zum Beispiel, indem er über die Nachfrage maßgeblich die inhaltliche Neugestaltung von Sportgroßveranstaltungen der Zukunft mitgestaltet. Im Fußball lassen sich solche Fan-demokratischen Entwicklungen schon deutlich ausmachen.

Unter dieser Prämisse wird das Bedürfnis nach Sportunterhaltung künftig auch von allen „Aktiven" betrachtet werden müssen: von Sportlern, den Veranstaltern und der Finanzierung. Der Eventkonsument wird zur treibenden Kraft, die die Investitionen bestimmt: Investitionen in Sportler und Konzepte.

Zunächst muss also geklärt sein, was die Inhalte des Bedürfnisses Sportunterhaltung heute und in Zukunft sind sowie wer und wo daran partizipiert. Danach kann eine Aussage getroffen werden, wie sich die austragenden Akteure positionieren müssen, um auch künftig noch an der Spitze der Zuschauergunst mitzuspielen.

Big Data und der Sport

In Zukunft wird es immer wichtiger, den Zugang für Laien zu erleichtern. Mit den ständigen technischen Fortschritten in der Datenvisualisierung verändert sich das Erlebnis Sportfernsehen derzeit rasant. Dem Zuschauer erschließt sich dank eingeblendeter Hinweise mehr und mehr das Spiel oder der Wettkampf in all seinen Facetten, seiner Dramaturgie, aber auch mit Aspekten, die früher gar nicht wahrnehmbar waren, etwa:

27

Neue Dimensionen im Sport-Erleben mit Virtual-Reality-Headsets

• Distanzen zwischen Wettkämpfern
• aktuelle Geschwindigkeiten
• statistische Ad-hoc-Übersichten

So werden selbst eher nischige Sportveranstaltungen zum spannenden Programm für jedermann, wie die Segelregatta America's Cup prototypisch zeigt: Stan Honey, der bereits 1998 das Unternehmen Sportvision[2] gründete, heute führender Anbieter von Live-Tracking-Enhancement für das Sportfernsehen, kümmerte sich um eine multifacettierte Umsetzung. Daten wie Nationen, Geschwindigkeit, Abstände und Distanzen waren stets schnell für den Zuschauer erfassbar, der Sport dadurch niederschwellig aufbereitet. Die Regatta wurde dank eines Teams von Seglern und Technikern verständlich, informativ und unterhaltsam dargestellt und damit selbst für absolute Landratten zum Vergnügen.

Crowdfunding statt Subvention

52 Millionen Euro pumpte das Bundesinnenministerium 2013 in den olympischen Spitzensport. Nicht einberechnet sind hier der Bau von Sportstätten, die Kosten der Sportforschung oder das Förderprinzip der Sportler zum Beispiel durch die Bundeswehr. Der Staat zahlt und erwartet im Gegenzug Medaillen. Der Wintersport zum Beispiel hatte ein Minimalziel von 27 Medaillen für die Olympischen Spiele 2014. Ein enormer Druck für die Sportler, wenn die Finanzierung nicht über große Sponsoren aus der Privatwirtschaft funktioniert. Und diese tauchen natürlich nur auf, wenn genügend Zuschauer und mögliche Kunden sich den Sport ansehen.

Der Spitzensportler ist gefangen. Zwischen Erwartungsdruck, der Sportideologie einer vergangenen Epoche und Finanzierungsproblemen. Eine Vielzahl von Berufssportlern, kann von den paar Euro Sporthilfe im Monat nicht existieren: Deutschlands „schnellste Anwältin" etwa, Nadine Hildebrand, ist nur „nebenbei" eine der besten Hürdenläuferinnen der Welt.[3]

Siebenkämpferin Christina Kiffe geht hier einen neuen Weg, der Event, Community und Sponsoring neu denkt: Crowdfunding. Die Internetplattform Aurango.com wurde für Sportler wie Kiffe extra von einem Team aus ehemaligen Leistungssportlern sowie Marketing- und Onlinemarketingexperten gegründet. Athleten jeder Couleur können hier ihr Projekt starten. Christina Kiffe hat ihr Ziel nur knapp zur Hälfte erreicht, andere Sportler sind erfolgreicher. Und nicht nur Aurango hat sich auf Sport und Crowdfunding spezialisiert. Fairplaid.org ist mehr projektbezogen, richtet sich eher an Vereine und Mannschaften, denn an Spitzensportler. Sportfunder, Makeachamp, Pursu.it sind internationale Äquivalente. Sportlich relevante Projekte sind auch auf allgemeineren Plattformen wie Kickstarter oder Startnext zu finden.
www.fairplaid.com, www.sportfunder.com, www.makeachamp.com, www.pursu.it

Ähnlich wie auch andere Crowdfunding-Projekte ist eine Finanzierung nicht garantiert. Dennoch ist das Modell ein Blick in die Zukunft der Finanzierung von Leistungs-, aber auch Vereinssport. Die Partizipationsmöglichkeit des Eventsportlers, also des Zuschauers und Fans, erreicht über diese Möglichkeit eine neue Qualität, wenn je nach Spendensumme eine direkte Aktion mit dem Sportler, dem Team stattfinden kann. Wer etwa das Kunstradteam Lea Schaepe und Karoline Müller mit 40 Euro unterstützte, bekam als Gegenleistung eine Fahrradtour mit den beiden Studentinnen durch „ihr" Potsdam.
www.aurango.com

Sportwetten als Unterhaltungsmarkt

Speziell auch die neue Lust auf Sportspielwetten entwickelt sich jenseits des Mainstreams. In den Fantasy Sports erschaffen User eigene Teams, die auf ganz realen Sportlern basieren. 30 Millionen US-Amerikaner spielen bereits Fantasy Football, indem sie sich zu virtuellen Trainern von virtuellen Ligen machen. Die Fantasy-Sportler beobachten dabei genau, welche Ergebnisse die realen Sportler erzielen, und werten diese dann für ihr jedes Jahr aufs Neue selbst zusammengestelltes Team aus. Der Markt ist riesig, umfasst Literatur, Magazine, Webseiten und eine Wettkultur.[4] Das Phänomen breitet sich langsam auch hierzulande aus – es gibt immer mehr Fantasy-Fußball-Manager. In den USA kennt es längst keine gesellschaftlichen Grenzen mehr, so sind Spitzenpolitiker genauso davon begeistert wie der Otto Normalverbraucher.

In den USA wird die Frage, ob Wetten im Fantasy Sports legal sind, heiß diskutiert. Viele Staaten planen eine offizielle Legalisierung. Wetten im Sport haben in den letzten Jahren eine zunehmende Attraktivität erhalten. 2014 wurden beim Super Bowl über 119 Mio. US-Dollar in den Kasinos von Nevada gesetzt – so viel wie noch nie. 2013 waren es 99 Mio. US-Dollar, vor der Finanzkrise im Jahre 2006 einmal 94,5 Mio. US-Dollar.[5] Auch der globale Markt der Online-Sportwetten ist in den letzten Jahren ständig gewachsen, von 23,9 Mrd. US-Dollar 2004 auf 74,3 Mrd. US-Dollar 2012.[6] In Deutschland hat sich die Anzahl der Sportwettbüros vervielfacht. Über 3.000 Sportwettanbieter gibt es hierzulande, die sich häufig in rechtlichen Grauzonen bewegen.[7] Fakt ist jedoch, dass nicht nur das schnelle Geld lockt, sondern auch das Thema Sport als Spiel- und Wettthema an Popularität gewinnt. Auch hier ist es der niederschwellige Zugang und der Unterhaltungsfaktor, der zieht.

Partizipation schafft Loyalität

Unter diesen Voraussetzungen müssen sich Sportler, Vereine und sogar ganze Sportarten als eigenständig agierende Marken verstehen, die sich mit den Fans, den Kunden, gemeinsam weiterentwickeln. Zumindest dann, wenn sie keinen rein altruistischen Zweck erfüllen, sondern sich als Unterhaltungslieferant und Veranstalter positionieren wollen. Genauso wie die klassischen Branchen von der Sportfan-Loyalität lernen können,[8] kann es die Sporteventbranche von der klassischen Markenführung. Kommunikation, Zugang, Transparenz und ein gegenseitiges Befruchten mit Ideen sind dabei unabdingbar. Loyale Fans halten die Treue über Krisen hinaus. Dafür muss aber eine Beziehungsarbeit geleistet werden, die auf Miteinander

Ich wette was, was du nicht siehst

Höhe des gesamten Wettumsatzes beim Super Bowl in den Casinos von Nevada
von 2004 bis 2013 (in Millionen US-Dollar)

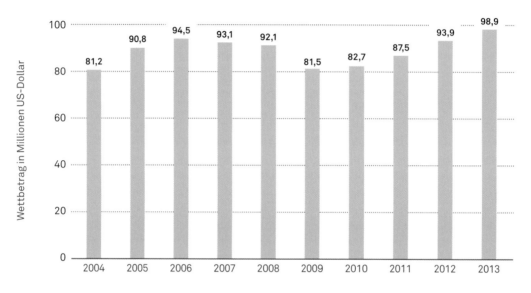

Quelle: Nevada Gaming Control Board, 2013

setzt. Neue Kommunikationstechnologien ermöglichen dem Event, den Fan mit einzubinden. Mit dem Gedanken der Makers- und DIY-Community sogar in allen Stufen des Prozesses. Dem Konsumenten, der gleichzeitig Zuschauer wie auch Akteur sein will, geht es um das Erlebnis. Ähnlich wie in anderen Konsum- und Medienbranchen ist er bereit, Ideen, Zeit und Geld zu investieren, wenn der Mehrwert stimmt. Hierfür ist es wichtig, dass sich Sportereignisse unter anderen Prämissen aufstellen, als dies bisher der Fall ist.

Sport braucht Multimedialität

Ein erster Ansatz ist natürlich die Bereitstellung von Informations- und Kommunikationstools für mobile Endgeräte, über die sich die Konsumenten mit den Sportlern, den Organisatoren, den Medienschaffenden – aber vor allem auch untereinander austauschen können. Erste Schritte werden hier getan. So hat das IOC zur Winterolympiade in Sotschi die APP Olympic Athletes' Hub aufgesetzt, einen zentralen Newsfeed, in den sich

die Sportler mit ihren persönlichen Twitter-, Facebook- oder Instagram-Accounts einbringen können und es so dem Zuschauer ermöglichen, individuellen Feeds zu folgen. Auch während des Super Bowl XLVI waren zahlreiche interaktive Apps zu bekommen:
• offizielle wie die Super Bowl XLVI Commemorative
• Apps, um die besten Werbefilme zu sehen (Super Ads: Super Bowl Commercials)
• oder Apps, die beim Ausrichten der privaten Super-Bowl-Party halfen (NFL Homegating)

FanCake vermischt die Sphären Sport und Gaming, indem die App Anwender dafür belohnt, wenn sie die Sportereignisse im Fernsehen verfolgen. Gleichzeitig werden Zuschauer animiert, dabei aktiv zu werden, indem sie zum Beispiel auf Ereignisse wie Ausgang oder auch Spielverstöße wetten. Prophezeit der User richtig, erhält er FanCake Credits, tippt er daneben, verliert er Punkte.
tinyurl.com/m5dwgfr

CoverItLive ist ein nicht ausschließlich sportbezogenes Chatroom-Programm, das auch Live-Blogging ermöglicht. Der führende Sportsender ESPN nutzt die App bereits für seinen Service Daily Dime. In CoverItLive können sowohl Nutzer wie auch Sportevent-Anbieter (von Verein bis Sender) Chatrooms zu bestimmten Themen anlegen. Eine Vielzahl von NBA-Teams nutzt das Programm bereits während der Spiele und gibt den Fans damit die Möglichkeit, sich zu versammeln und zu vernetzen. Auch Scribblelive wird für Events wie Fußball genutzt – oder G-Snap. *www.coveritlive.com*

Der Liveticker als neue Kunstform

Mehr und mehr Apps stoßen auf den Markt, die eine DIY-Eventplanung möglich machen. Und solche, welche einen neuen Zugang zu den Sportereignissen ermöglichen und kein Fachwissen voraussetzen. Insbesondere auch die Live-Ticker während Sportereignissen stehen für eine völlig neue Form der Sportevent-Partizipation. Es ist eine Kunstform der Berichterstattung, die es so noch nicht gegeben hat. Reduziert auf die Quintessenz des aktuellen Ereignisses, integriert der Live-Ticker auch diejenigen, die keine oder nur wenig Ahnung von dem Sport haben. Ein Kommentar auf Spiegel Online zu dem Ski Alpin-Finale der Damen in Sotschi lautet etwa: „Marlies Schild (AUT) landet hinter ihrer Schwester (+1.34) und gehört damit zu den Enttäuschungen. Wechselt man die Perspektive, dann kann man auch sagen, die Chancen für Maria Höfl-Riesch auf eine Medaille steigen damit." In knapp 200 Zeichen wird der User auf unterhaltsame Weise informiert, dass die Österreicherin Schild eine Schwester hat, die ebenfalls im Finale stand, und wie die Situation für die deutsche Skirennläuferin aussieht. Wirklich interessant vor dem Hintergrund der Reduktion auf das Wesentliche bei Sportunterhaltung sind auch jene Apps für Fans und Eventsportler, welche, wie Thuuz, sich dann beim User melden, wenn das Spiel besonders spannend wird.

Seid verwettet, Millionen!

Globale Entwicklung der Wetteinsätze und Bruttospielerträge von Online-Sportwetten von 2004 bis 2012 (in Milliarden US-Dollar)

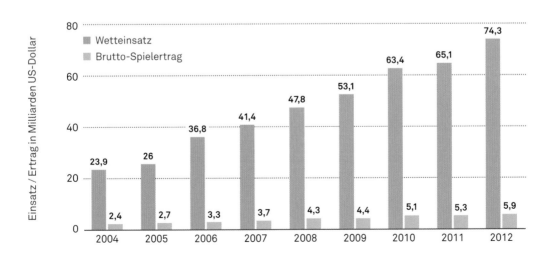

Quelle: H2 Gambling Capital, 2011

Mit Live-Ticker und Echtzeit-Apps erhält der Sport als Instrument zur Unterhaltung eine neue Dimension. Der Event-Sportler hat heute zwei Möglichkeiten, die des intensiven Auslebens des Ereignisses mit allem Pipapo oder die Zen-Variante: Sportereigniskonsum in seiner minimalistischsten Form. In dem Moment ordnet sich der Konsument einer virtuellen Community zu, eine Identifikation mit einer Gruppe von Sportlern wie Fans entsteht, die genauso temporär sein kann wie im Falle des exzessiven Genusses. Voraussetzung hierfür sind Angebote und Zugang zu Kommunikationstools, die gleichzeitig Information und Vernetzung ermöglichen.

Eine neue Ära des Mobile Sport Advertising

Das Stadion Metlife war während des Super Bowl 2014 bestens für die neue Form der Interaktion zwischen Zuschauern, Veranstaltern und Kommentatoren präpariert: Modernste WiFi- und Mobilfunknetze wurden installiert, mit iBeacon wurde Zuschauern mit Apple-Produkten ein völlig neues Erlebnis von Nahfeldkommunikation ermöglicht. Wer die NFL-Mobile-App installiert hatte, erhielt mit Hilfe dutzender „Beacons" (Leuchtfeuern) NFL-basierte und den Super Bowl betreffende Mitteilungen, sobald er sich einem dieser Verteiler näherte. Dies waren zum einen praktische Dinge, aber auch personalisierte Werbung. Während des Super Bowl wurde auch der Times Square mit derselben Technologie ausgestattet, die Major League Baseball plant die Technologie ebenfalls zu nutzen. Ende März 2014 sollen 20 Stadien mit jeweils 100 iBeacons ausgestattet sein.

Nach dem Spiel ist vor dem Spiel

Die alte Binsenwahrheit Sepp Herbergers gilt künftig nicht nur für das Match und das Team, sondern vermehrt auch für die Zuschauer und die Eventplaner. Denn wichtig für erfolgreiche Sportevents ist der „Customer Sport Event Journey", der rechtzeitiges Planen (mit den Zuschauern) impliziert.

Das Sportevent verwandelt sich in ein 24/7-Erlebnis,

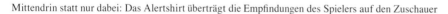

Mittendrin statt nur dabei: Das Alertshirt überträgt die Empfindungen des Spielers auf den Zuschauer

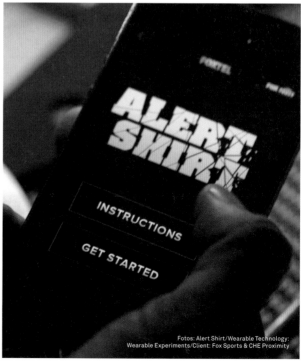

Fotos: Alert Shirt/Wearable Technology:
Wearable Experiments/Client: Fox Sports & CHE Proximity

Big Games? Nein danke, dann lieber grillen!

Anzahl der Personen in Deutschland, die sich für herausragende Sportveranstaltungen (Olympische Spiele, Weltmeisterschaften usw.) interessieren, von 2007 bis 2013 (Angaben in Millionen)

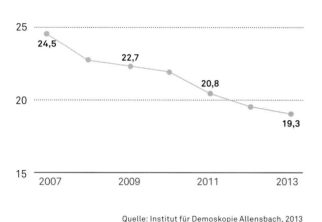

Quelle: Institut für Demoskopie Allensbach, 2013

Wer noch ohne Karte ist, sollte schnell zugreifen

Umsatz im Bereich Sport durch weltweiten Ticketverkauf von 2006 bis 2015 (Umsatz in Milliarden US-Dollar)

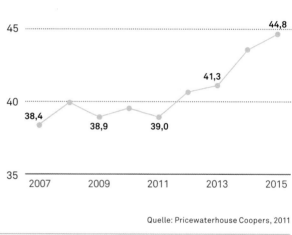

Quelle: Pricewaterhouse Coopers, 2011

zu dem der Kunde sich nicht nur während des tatsächlichen Ereignisses, sondern immer einen Zugang wünscht. Möglichkeiten hier sind natürlich die Einbeziehung des Sportunterhaltungskonsumenten in die Event-Vor- und -Nachbereitung, aber auch virtuelle Kommunikations- und Spielerlebnisse mit den Stars.

OverDog bietet Sportfans die Möglichkeit, Wettkämpfe mit ihren Stars online auszutragen. Nach dem Download wählt der User seinen favorisierten Sport, dann das Team. Derzeit sind über 350 Athleten bei OverDog registriert, die sich immer wieder den Herausforderungen mit den Fans stellen.[9]
www.gameonoverdog.com

Für die Virtual-Reality-Brille Oculus Rift hat der britische Netzbetreiber O2 mit England Rugby ein

360-Grad-Spieleerlebnis geschaffen, in dem sich der Spieler als Sportler unter sein Team mischen kann. Wearable Experiments[10] bringt ebenfalls dem Konsumenten das Gefühl, direkt dabei zu sein – und zwar über die Kleidung. Das „Alert Shirt" übermittelt dem Träger über den Stoff, was der Spieler gerade fühlt. Zugrunde liegen Echtzeitdaten aus dem Spiel, die an eine App gesendet und von dort via Bluetooth an den Jersey-Stoff übermittelt werden. Damit wird Sporterlebnis auf ein neues Niveau gehoben, wenn Fans körperlich erfahren können, was die Spieler gerade spüren. Partner ist momentan der australische Fernsehsender Foxtel, der dem Zuschauer für knapp 12 Euro die Woche ein physisches Fernsehsporterlebnis ermöglicht.[11]
www.oculusvr.com,
wearableexperiments.com/alert-shirt

Aus dem statischen Präsentationsmodus

Solch ein multimedialer Sportkonsum – unter Mitwirkung des Konsumenten eher schon als Sport-Prosuming zu bezeichnen – steht in extremem Kontrast zu den als autokratisch empfundenen, klassisch organisierten und angebotenen Sport-Großereignissen.

Die Negativnachrichten über die Olympischen Winterspiele 2014 in Sotschi, einer der wärmsten Regionen Russlands, prägten die Presse im Vorfeld maßgeblich. Die Spiele, die geplante Superlative werden sollten, wurden wegen Umweltkatastrophen, politischen Fragwürdigkeiten, Machtmissbrauch stark angegriffen. Der Sport-Blogger beim „New Yorker", Ian Crouch, traf es auf den Punkt, als er forderte, Sportevents wie die Olympiaden bedürften einer gründlichen Überholung. Zu Recht stellt er die Frage, ob Sportevents wie Olympia nicht nur noch ein Tourismusevent sind.[12]

Auch vor der Fußballweltmeisterschaft 2014 sowie den Sommerspielen 2016 in Brasilien haben die Presseabteilungen alle Hände voll zu tun, die kritischen Stimmen (Zwangsumsiedlung, Staatsgewalt, Sextourismus, ausufernde Kosten, knappe Zeitpläne) im Zaum zu halten. Die Japaner jubelten zwar vor den Kameras, aber die Münchner samt den bayerischen Partnergemeinden lehnten eine Bewerbung zu Olympia schlichtweg ab. Die bayerische Öffentlichkeit schien sich ziemlich einig zu sein, dass Sportevents wie die Olympischen Spiele in der intransparenten, kostspieligen Form undurchsichtiger Großinstitutionen abzulehnen sind – ohne dabei jedoch den Eventcharakter als solchen missen zu wollen.[13]

Oder wie es der Schriftsteller Wladimir Kaminer im Vorfeld der Winterolympiade 2014 ausdrückte: „Das Geld ist sowieso schon verbraten, jetzt können wir auch feiern."[14] Die Einschaltquoten bei der Eröffnungsfeier waren seit der Olympiade in Lillehammer 1994 nicht so hoch gewesen: Knapp 9 Millionen Menschen, das sind 39,5 Prozent, schalteten in Deutschland ein. Bei der Eröffnung der Sommerspiele in London sahen nur 7,66 Millionen zu. Das Phänomen scheint sich jedoch vor allem auf die Inszenierungen zu beziehen, denn das Interesse an großen Sportveranstaltungen wie den Olympischen Spielen oder der Fußball-Weltmeisterschaft sinkt seit Jahren. Waren 2007 noch 24,5 Millionen Deutsche dafür zu begeistern, waren es 2013 nur noch 19,3 Millionen.[15] Auch die Bereitschaft, sich Sportsendungen im Fernsehen anzuschauen, ist so niedrig wie seit Jahren nicht mehr. Die Personengruppe, die daran kein Interesse hat, ist dagegen in den letzten sieben Jahren von 15,3 Millionen auf 18,5 Millionen Menschen angewachsen.[16] Dafür besuchen mehr Menschen Sportveranstaltungen direkt,[17] die weltweiten Umsätze durch Ticketverkäufe für Sportveranstaltungen werden 2015 gemäß einer Prognose von Pricewaterhouse Coopers bei 44,75 Mrd. US-Dollar liegen, ein Anstieg um 7,7 Mrd. US-Dollar im Vergleich zu 2006.[18] Menschen möchten den Sport in Gemeinschaft erleben, ihn nicht vorgekaut bekommen. Und wenn, dann auf neue Art und Weise.

TRENDPROGNOSE

>> **Sport als gesellschaftlicher Unterhaltungsfaktor** wächst und verändert sich vehement. Sport wird zur Basis einer Unterhaltungskultur jenseits von Bundesliga, Vierschanzentournee und Fanmeile.

>> **Die neue Form des Sporthappenings** unterscheidet sich vom klassischen Fan durch höhere Unverbindlichkeit. Immer mehr Zuschauer nehmen am Public Viewing teil, ohne sich grundsätzlich für Sportart und Mannschaft zu interessieren.

>> **Unterhaltung** schließt andere Bedürfnisse nach Aktivität nicht aus. Der Wunsch nach kreativ-passivem Sporterlebnis lässt sich mit dem Bedürfnis nach Entspannung, Gesundheit oder Selbstdarstellung kombinieren.

>> **Teamgeist und Kreativität** sind essentiell für eine funktionierende Arbeitskultur der Zukunft und wichtige Faktoren des Unterhaltungssports. Unternehmen werden Mitarbeiten künftig Zeit und Raum geben, um Unterhaltungssport zu betreiben.

„Nicht jeder geht mit unseren Regen- und Softshell-Jacken wandern. Viele tragen sie auch auf dem Fahrrad oder in der U-Bahn auf dem Weg zur Arbeit."

Thomas Lipke,
Geschäftsführer Globetrotter

ACHTUNG, SPORT-STYLER

Der Sportlichkeitsdruck färbt immer mehr auf die Stylingwelten ab: Mit dem richtigen Outfit steigt zunehmend auch das Fitness-Feeling. Sportlichkeit wird käuflich.

Sportmuffel werden fit: Der Fitness-Fake-Effekt

Der Sportmarkt lebt nicht nur von den wirklich Aktiven, sondern vor allem von jenen, die an ihrem Sportimage arbeiten.

②

Bedürfnis: Selbstdarstellung
Sport als Image-Faktor für den Einzelnen
Modus: passiv / vorrangig materiell
Fokus: Konsum
Effekt: Bestätigung / Image

Es gab eine Zeit um die Jahrtausendwende, da eroberten die Sportartikelhersteller den Modemarkt – allen voran Puma. Von Jeans bis Abend-Outfit – es gab kaum Kleidungsartikel und Accessoires für den täglichen Gebrauch, die nicht auch mit dem Katzenlogo erhältlich waren. Wohlgemerkt „waren". Nachdem es längst kein Fashion-Fauxpas mehr ist, wenn der Manager sein Business-Outfit mit Sportlifestyle-Produkten ergänzt, ganz im Gegenteil, es sogar einen allgemein lässigen und erfolgreichen Lebensstil transportiert, konzentrieren sich die Sportartikelhersteller zunehmend wieder auf ihr Kerngebiet. Sportliche Mode stehe künftig nicht mehr im Vordergrund, sagt der seit November 2013 neue Chef von Puma, Björn Gulden. „Wir sind eine Sportmarke und werden dann auch Lifestyle-Produkte verkaufen."[1] Die Strategie des ehemaligen Profifußballers

soll Gewinneinbrüche reduzieren. Sie ist aber auch ein Indiz, dass bereits die Sportartikel als solche Mode sind und die Grenzen sich weiter auflösen.

Sportmode schafft Zugehörigkeit

Sport und Bewegung haben heute einen enormen Wert in unserer Gesellschaft. So hoch, dass es wichtiger ist, so zu tun als ob, als zuzugeben, dass man sich nicht bewegt – aus welchen Gründen auch immer (Zeit, Zugang, Hürden). Künftig wird – unter dem Aspekt, dass Sport ein Teil unserer Arbeitskultur wird – das Sportimage für den Einzelnen noch wichtiger werden. Primär ist es eine Frage nach der Zugehörigkeit zur richtigen, weil erfolgreichen Gruppe.

Nicht jeder Sportartikelhersteller freut sich über wachsende Nachfrage nach seinen Produkten unter Nichtsportlern, denn auch in diese Richtung ist es eine Frage des Images. Im vergangenen Jahr hat sich die hippe Yogamarke Lululemon in die Nesseln gesetzt, als der Gründer des Unternehmens, Chip Wilson, bei Bloomberg TV[2] sagte, dass nicht jeder Frauenkörper für seine Yogahosen tauge. Schnell relativierte er dann zwar die Aussage dahingehend, dass diese Hosen nicht für jede Aktivität ausgelegt seien, doch es half nichts. Nach einem Shitstorm entschuldigte er sich öffentlich in einem Video für die Aussage.[3] Doch der

Gedanke wird nachvollziehbar, wenn man sich den gesellschaftspsychologischen Effekt vergegenwärtigt: „Marken wie Lululemon stehen für hohe Professionalität", erklärt die Psychologin und Personal Trainerin Susan Rudnicki: „Wenn du diese Kleidung trägst, möchtest du, dass andere von dir denken, dass du eine Workout-Frau bist. Dass du richtig gut darin bist. Ich sehe Mädels beim Hatha Yoga in Lululemon-Kleidung, und sie entsprechen perfekt dem Bild der Marke. Selbst ich denke dann, dass sie richtig gut sein müssen und ihr Leben im Griff haben. Und dieser Eindruck entsteht bei mir, obwohl ich die Lehrerin bin."[4]

Sportlichkeit als Statussymbol

Die Verbraucher möchten zeigen, dass sie sportlich sind, unabhängig davon, ob es der Realität entspricht oder nicht. Da ist es nicht hilfreich, eine Jeans eines Sportherstellers zu tragen, denn diese drückt Sportlichkeit nur bedingt aus. Besser ist es da, die neuesten Kollektionen Yogahosen am Bein zu haben. Um dann hinter vorgehaltener Hand leise zu erwähnen – aber doch so, dass es jeder hört –, dass man diese eigentlich rund um die Uhr trägt. Ohne wirklich Yoga zu praktizieren.

Waren solche Kleidungsstücke bisher vor allem auf den Freizeitbereich beschränkt, wird sich das künftig ändern und sich auch im Berufsalltag durchsetzen. Sarah James stieß mit ihrer Männerkollektion Dress Pant Sweatpant[5] bereits auf riesiges Interesse: einem Anzug, gemütlich wie ein Jogginganzug, aber eben durchaus bürotauglich. Jetzt hat sie eine Damenvariante am Start, die Dress Pant Yoga Pant.[6] James hat

Wir-Gefühl durch Sportfashion

Foto: © Sport Scheck _Kjus

Laufsteg statt Laufstrecke:
Funktionsbekleidung
als Statussymbol

die Idee über das Crowdfunding-Portal Betabrand lanciert und so viel Feedback erhalten wie keine andere Idee auf Betabrand. Das Ziel wurde um 552 Prozent übertroffen. „Ich beobachte, dass Menschen ihre Yogahosen überall tragen, selbst im Büro", sagt Sarah James.[7]

www.betabrand.com/womens-dress-pant-yoga-pants.html

Sportmode muss heute ganz klar nicht nur eine gute Figur während der Ausübung der Sportarten machen. Sie muss auch außerhalb des Studios und bei der Aktivität im Alltag tauglich sein. Sie muss einer neuen Multifunktionalität standhalten. Während das Image der Jogginghose es im Alltag nie über das Unterschichtensymbol von Männlichkeit hinausgeschafft hat, steht die Yogahose für Disziplin und Selbstbewusstsein einer neuen Generation Frauen.

Vergleichbar positioniert sich die männliche Mittel- und Oberschicht mit teuren Fahrrädern und exklusiver Outdoor-Bekleidung. So ist es nicht verwunderlich, dass sich derzeit die Bike-to-Work-Fahrradhosen-Kollektionen in erster Linie an Männer richten. Hersteller von Levi's[8] Commuter Trousers bis zur Öko-Hose von Howies,[9] der Crosstown Cycle Chino, haben wie selbstverständlich regendichte, bürotaugliche Bekleidung in ihren Kollektionen. Sportbekleidung und -accessoires werden nicht mehr im Turnbeutel oder im Keller versteckt, sondern öffentlich präsentiert – und das eben ohne dass sie wirklich für ihren ursprünglichen Zweck eingesetzt würden. Denn dieser hat sich verschoben und musste einer neuartigen Multifunktionalität weichen.

Doch die Selbstdarstellung ist nicht ausschließlich immer nur „mehr Schein als Sein". So zumindest die Ergebnisse der Untersuchung „Enclothed Cognition"[10] der

Nur rund jeder Zehnte kauft nie Sportbekleidung

Wie häufig kaufen Frauen oder Männer im Allgemeinen Sportbekleidung?

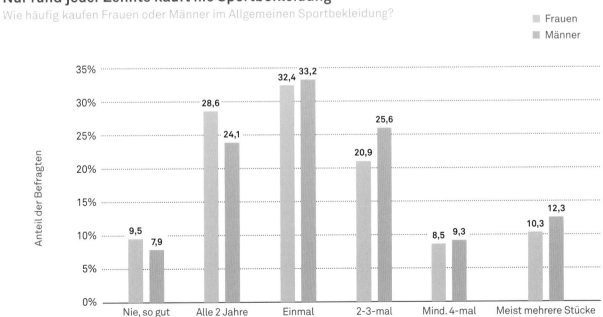

■ Frauen
■ Männer

Quelle: Spiegel: Manager Magazin, 2011

Researcher Hajo Adam und Adam D. Galinsky. Der Studie zufolge wirkt sich die Kleidung direkt auf das Verhalten, das Denken und Handeln des Trägers aus. Der Theorie zufolge werden auch inaktive Menschen sportlicher, wenn sie sich im Alltag mit Sportbekleidung präsentieren.

Sportverweigerer und Bewegungsmuffel

Und der Sportartikelmarkt wächst ungebremst. In den USA ist der Markt für Sportbekleidung zwischen August 2012 und August 2013 um 7 Prozent gewachsen, während jener für Bekleidung allgemein nur um 1 Prozent wuchs.[11] Auch in Deutschland kaufen neun von zehn Verbrauchern Sportbekleidung. Nur rund 8 Prozent der Männer und 9,5 Prozent der Frauen geben an, dass sie nie Sportbekleidung kaufen würden.[12] Und das, obwohl 2013 laut Verbrauchs- und Medienanalyse 29,19 Millionen Deutsche über 14 Jahre nie Sport betreiben: Das sind 41,5 Prozent der Bevölkerung und ein Anstieg um 1,27 Millionen Nichtsportler gegenüber 2010.[13] Die Zahlen der Techniker Krankenkasse sind ähnlich: 52 Prozent waren 2013 Sportmuffel oder Antisportler, im Vergleich zu 44 Prozent 2007.[14] Eine Diskrepanz, die viel über die gesellschaftliche Einstellung zu Sport sagt. Im Bewusstsein ist längst verankert (drei Viertel der Wenigbeweger wollen sich laut TK-Studie mehr bewegen), dass Bewegung gut tut und einen gesellschaftlichen Stellenwert hat. Doch faktisch ist die Zahl derjenigen, die Sport treiben, auf dem absteigenden Ast. Gerade die Gruppe der Berufstätigen, der jungen Familien, der Middle-Ager steckt in der Zwickmühle „wollen, aber nicht können".

Wearables für Schein-Sportler

Und so wird das Image hochgehalten. Mit Sportartikeln, Mode, Verträgen oder auch den neuesten Erfindungen, die sportlichen Erfolg ohne Schweiß und Zeit suggerieren: Zehn Minuten Geschüttel auf einer vibrierenden Platte ist da nur eines der populärsten Angebote. Die Liste des Workout-Equipments ist ellenlang, Hersteller lassen sich immer wieder neue Dinge einfallen, mit denen sie den Kunden das Training zu Hause erleichtern oder mitunter auch ganz ersparen wollen. Die Fitness- und Gesundheitsmagazine überbieten sich regelmäßig mit Servicestrecken, die den Lesern kurze, schnelle Workout-Ideen anbieten. Ganz zu schweigen von der Vielzahl an Apps, die in komprimierter Zeit zu

mehr Aktivität verhelfen sollen. Von „7 Min Workout"[15] über „8 Minuten Workout"[16] bis hin zu „Chatelaine 10-Minute Fitness"[17] soll der Minutensport helfen, Bewegung in den Alltag zu integrieren.

Diese Entwicklungen stehen für ein Phänomen unserer Zeit: Dinge mit wenig Aufwand erreichen zu wollen. Trotz mangelnder Zeit, fehlender körperlicher Voraussetzungen oder Mangel am nötigen Willen will man über ein Aussehen verfügen, das dem Zeitgeist entspricht. Und Zeitgeist ist derzeit ein durchtrainierter Super-Body, der weder übergewichtig noch abgemagert ist, sondern zäh und stählern wirkt. In den Manageretagen agieren längst die durchtrainierten Marathonläufer und -läuferinnen. In den Bewerbungsunterlagen wird die Sportkarriere gleichwertig mit Arbeitsbiographie gesetzt. Erfolg wird gleichgesetzt mit einem sportlichen Äußeren. Wer heute mit der Funktionsjacke auf dem Fahrrad zum Geschäftstermin erscheint, erntet mehr Sympathiepunkte als jene Personen, die mit Bauchansatz im Audi vorfahren. Das bestätigt auch Globetrotter-Chef Thomas Lipke: „Nicht jeder geht mit unseren Regen- und Softshell-Jacken wandern. Viele tragen sie auch auf dem Fahrrad oder in der U-Bahn auf dem Weg zur Arbeit."[18]

Partizipation im Orbit des Athleten

Um dieses neue Erfolgsideal entwickelt sich ein riesiger Markt des Sportkonsums, der vor allem dazu dient, den Schein zu wahren. Das Bedürfnis, Sport ausschließlich materiell zu konsumieren, ist sowohl Täuschung der Umwelt als auch eine Spur Selbstbetrug. Der klassische Pseudosportler ist dabei nicht unbedingt ein überzeugter Antisportler, sondern ganz im Gegenteil, er möchte etwas für sich und seine Gesundheit und für das Äußere tun. Wird ein neuer Sport ausprobiert, gehen diese Verbraucher bis ins Detail ausgerüstet in Kurs oder Training. Um kurze Zeit später jene Dinge nicht mehr zu benötigen, weil die äußeren Umstände die Ausübung behindern – oder weil es vielleicht auch doch nicht der richtige Sport war. Nicht selten kommt dann nach kurzer Zeit ein neuer Sport auf den Schirm, für den wieder Equipment angeschafft wird. Oft mit dem Gedanken: Wenn ich erst einmal viel in den Sport investiert habe, gehe ich auch konsequent hin. Darüber lässt sich diese Konsumentengruppe ansprechen und umwerben. Sie umgibt sich gerne mit diesen Details,

Hauptsache lässig und cool: Sportequipment
steht für ein Lebensgefühl, das weit über den
ursprünglichen Einsatzbereich hinausgeht

Outdoorprodukte für Street-Fashion-
Victims. Kånken von Fjällräven
symbolisiert Naturverbundenheit,
Geschmack und Qualitätsbewusstsein

Die Zukunft des Sportmarkts: 29 Millionen Nichtsportler

Bevölkerung in Deutschland nach Häufigkeit des Sporttreibens in der Freizeit
von 2010 bis 2013 (Personen in Millionen)

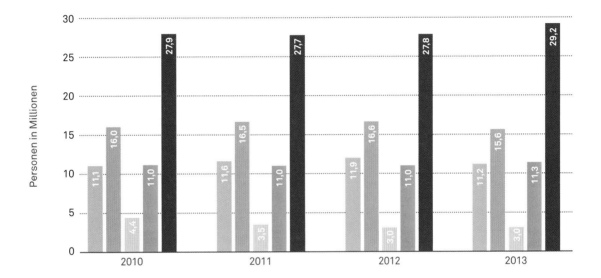

Mehrmals wöchentlich
Mehrmals monatlich
Einmal monatlich
Seltener
Nie / Keine Angabe

Quelle: Verbrauchs- und Medienanalyse, 2014

Accessoires und Artikeln, die das Gefühl eines aktiven Sportlers, eines Sportprofis geben. Hier ergeben sich nicht nur immer wieder neue Absatzmöglichkeiten für Sporthersteller und Sportanbieter, sondern es ist auch ein dankbares Segment für Dienstleister, welche den Nichtsportlern die Hürde nehmen und sie zum Teil der Sportcommunity werden lassen.

Sportmode: Ich bin, was ich trage

Damit der Konsument nicht den Überblick verliert, kann er an sogenannten „Testivals" teilnehmen. Organisiert werden solche Schnuppertage von einer Reihe von Akteuren:
• Hersteller (wie 2XU)
• Retailer (wie Sport Scheck)

• Magazine (Runners World)
• Regionen (wie Garmisch-Partenkirchen und das Alpen-Testival)
• aber auch Messen als Test- und Erlebnisbereich für den Endkunden (Yogaexpo)

Neben den Sportarten kann vor allem das Material ausprobiert werden. Dass mehr in Hartware investiert wird, zeigt sich auch an neuen Magazinen wie Gear.[19] Sechsmal im Jahr erscheint die Zeitschrift, die sich komplett der Ausrüstung widmet. Von der Armbanduhr über Schlafsack und Work-Wear bis Zelt wird alles für den modernen Abenteurer ausgewertet. Zum Beispiel mit Fokus auf Ethik und Umweltschutz, und so ist es heute dann nicht mehr nur ein Sport-Statement, das mit entsprechender Kleidung abgegeben wird; je nach Sportart, Equipment und Marke wird eine weitere Wertaussage getroffen.

Selbst in an Mode und Accessoires vermeintlich armen Sportarten wie dem Schwimmen ist der Lifestyle-gedanke eingezogen. Rolemodels sind nicht zuletzt die Athleten der Meisterschaften, die mit Swimsuits, Flip-flops, Badekappen, Brillen und dem Trainingsequip-ment auch bei Spaßbadbesuchern Konsumlust wecken. Aber natürlich sind auch die neuen Fitness-Fashion-Blogs maßgeblich an der Entwicklung beteiligt.

Hinter Fitness On Toast[20] steht die Schwedin Faya, eine in London lebende Personal-Trainerin, die ihre Kunden mittels des Blogs auf dem Laufenden halten möchte. Es geht um Workout-Tipps, Rezepte, aber auch viel um Fashion und Produkte rund um den Sport. Ebenso auch bei Yoga in Heels,[21] wo Donna Burke über eher kleine Marken bloggt, die Qualität haben, bei denen es nicht primär um flache Bäuche und kohlenhydratfreie Lebensmodelle geht, sondern um Authentizität. Auch in dem Blog von Lydia Elise Millen[22] stehen Sportmode und -accessoires im Mittelpunkt, wenn auch eher für eine Zielgruppe, die für einen flachen Bauch alles tun und eine Sportfashion-Vogue abonnieren würde. Alle diese Fashion-Fitness-Blogger werden von Medien wie Industrie natürlich gerne als Plattform genutzt, um Produkte zu lancieren.

fitnessontoast.com, yogainheels.com, lydiaelisemillen.com

Prêt-à-Sporter: Laufstege und Mode

Die Sportmodeindustrie funktioniert längst genau wie die Modebranchen mit Saisonwaren und Themen und Fashion Shows. Die britische Kette Sweaty Betty, die in ihren rund 40 Geschäften Sportmode für alle erdenkli-chen Aktivitäten anbietet, hat für die Saison 2014 einen von den 50er-Jahren inspirierten Stil in ihrer Yogaklei-dung lanciert. Bekannt ist die Marke für ihre mutigen Prints, was gerade die Fashion Victims in den USA sehr zu schätzen wissen, wo Sweaty Betty zwei Flagshipstores betreibt. Über 200 Artikel gibt es in jeder neuen Kollek-tion, die sich durch neue technische Features, aber vor allem durch neue Designs und Schnitte auszeichnen. Die Designteams nehmen mittlerweile einen der wichtigsten Plätze bei den Sportartikelherstellern ein.

Retailer wie Sport Scheck profitieren von dieser Ent-wicklung ebenso wie der Sportbedarf-Onlinehandel. Sport Scheck besitzt derzeit 17 Filialen in Deutschland, bis 2020 könnten es bis zu 30 sein, die den Umsatz auf eine Milliarde Euro steigern sollen.[23] Geplant ist, den Onlinehandel enger mit dem klassischen Geschäft zu verzahnen. Neben den Großstädten erschließt der Kon-zern vor allem Städte mit rund 100.000 Einwohnern. In Reutlingen etwa wurde ein Pilotstore mit einer Fläche von 1.200 Quadratmetern eröffnet – im Ver-hältnis zum neuen Stammhaus in München mit 10.000 Quadratmetern überschaubar. Doch die Kunden sind da, und Sport-Scheck-Geschäftsführer Stefan Herzog sieht gerade abseits der großen Ballungsräume „noch großes Potenzial".[24]

Outdoor-Ausrüster Globetrotter hingegen plant erst mal keine weiteren Filialen. Statt eines Umsatzzuwachses von zehn Prozent, wie im Jahr 2011, rechnet der Kon-zern künftig nur noch mit 2 bis 4 Prozent.[25] Konkurrenz sind zum einen die vielen Hersteller, die eigene Flag-shipstores aufmachen, zum anderen ändern sich auch die Kunden. Handelsberater prognostizieren zwar im Outdoormarkt bei der Hartware und Schuhen weiteres Wachstum.[26] Im Bereich Fußball wird dagegen eher in Kleidung, speziell Trikots, statt in Schuhe investiert.[27]

Sporttechnik wird zum Schmuck

Neben dem Modemarkt wächst der Markt an Wea-rables. Tragbare Technologien, die sich entweder an wirklich sportlich Ambitionierte richten (vgl. Kapitel 5), den Zeitknappen motivieren sollen oder auch dazu beitragen, den (Selbst-)Schein des Sportiven aufrecht-zuerhalten. In Gravis-Geschäften, bekannt geworden als Apple-Händler, gibt es bereits extra Regale, in denen die Fitness- und Healthtracker neben iPod und Co. angeboten werden.

Auf der jährlich stattfindenden ISPO in München, der Internationalen Fachmesse für Sportartikel und Sportmode, findet seit 2006 eine Plattform zu Wearable Technologies[28] statt, deren Fokus auf Fitness- und Lifestyle-Gadgets liegt. Bei diesen Innovationen lässt sich unterscheiden zwischen jenen Gadgets, die unauf-fällig in – zum Beispiel – Kleidung eingearbeitet sind und den Sportler beim Trainieren unterstützen, und jenen Wearables, die auch dem Showeffekt dienen und nicht nur funktionell, sondern stylish sind. Der Tracker von Flyfit[29] lässt sich in verschiedenfarbige Bänder stecken, die dann passend zu Stimmung, Kleidung oder Aktivität um das Fußgelenk befestigt werden und jede Aktivität von Fitness über Schwimmen bis Fahrradfahren dokumentieren. Die Modebranche entdeckt die tragbare Technologie, und die Technologen entdecken das Designpotenzial ihrer Stücke. Fitbit[30] ist jüngst mit der Modemarke Tory Burch[31] eine Liaison eingegangen, um neue Tracker zu entwerfen, die mehr an Schmuck denn an Technik erinnern. Der Fitness-Tracker von Shine[32] ist in den Farben Champagne und Topaz erhältlich und lässt sich wie ein Schmuckstück an einer Kette um den Hals tragen. Auch Intel scheint den Markt der Design-Wearables für sich entdeckt zu haben und hat

im Januar 2014 einen Wettbewerb ausgerufen, bei dem Preisgelder in Höhe von insgesamt 1,25 Millionen US-Dollar locken.[33] Welchen Stellenwert Intel der Sparte zumisst, zeigt auch der Kauf des Fitness-Tracker- und Smartwatch-Herstellers Basis[34] für mindestens 100 Millionen US-Dollar, Gerüchten zu Folge sollen es sogar 150 Millionen US-Dollar gewesen sein.[35]

Produkte suggerieren Sportlichkeit

Sportaccessoires als Wert und Symbol für einen Lebensstil, der sich vielen aus Gründen mangelnder Zeit und fehlenden Zugangs in der Ausübung verschließt. Neben dem entsprechenden Auftreten wird auch über Ernährung versucht, das gesunde und sportliche Aussehen zu fördern.

Fitness-Tracker vom Juwelier? Das Schmuckstück von Shine ebnet hierfür den Weg

Foto: Misfit Wearables

Wachsende Konsumentennachfrage fördert Innovationen in Bereichen, die – ganz im Sinne des Sports als Imagefaktor – gar nicht zwangsläufig einen Sportkontext aufweisen. Beispiel Bier: Alkoholfreies Bier wird zwar gerne als isotonisches Getränk angepriesen, doch fehlen in deutschen Sorten wichtige Proteine. Das aus Kanada stammende Lean Machine Ale[36] ist dagegen mit 0,5 Prozent Alkohol fast frei von Promille, hat nur 77 kcal pro Dose und enthält zudem noch Antioxidantien, Elektrolyte sowie Eiweiß und Vitamine, die der schnellen Regeneration nach dem Sport förderlich sind. Zudem soll es das Immunsystem stärken und ist glutenfrei.

leanmachinecanada.com

Jelly Belly Candy Co., ja genau, der Hersteller bunter Geleebohnen, hat schon vor einigen Jahren Sport Beans auf den Markt gebracht. Die Bonbons sind mit Proteinen aus Weizen und Hülsenfrüchten angereichert, enthalten Elektrolyte und B- wie C-Vitamine. Die Energie und Leistung spendenden Produkte gleichen häufig Süßigkeiten – so sind Energieriegel in Geschmacksrichtungen wie Brownie Crisp oder Nutty Marshmallow erhältlich.

jellybelly.com

Energems sind Supplements, die in Schokolade gehüllt sind und auch wie Pralinen statt wie Tabletten verkauft werden – und das, obwohl die empfohlenen drei Stück der Minz-, Erdnuss- oder Schoko-Pur-Bonbons schon den Tagesbedarf an Vitamin B12 zu 2.500 Prozent, den an Vitamin B6 zu 600 Prozent decken und Konsumenten damit zumindest bei Letzterem eine Überdosierung samt Folgen riskieren.

energems.net

Dass solche Produkte auch ohne Sportkontext konsumiert werden, ist prinzipiell nichts Neues. Die Entwicklung dürfte sich aber verstärken, je mehr die Artikel Snacks und Süßigkeiten ähneln. Dass die Zielgruppe über den Sportler hinausgeht, bestätigt auch Jason Lamber vom Energieriegel-Produzenten Probar: „Wir hatten schon immer viele Anhänger unter den Spitzensportlern und professionellen Athleten, aber unsere Zielgruppe sind die ‚Heim'-Sportler, die nach besserer Performance suchen. Zusätzlich haben wir viele Anhänger, die einfach nur Energie für ihre Alltagsaktivitäten brauchen – ob sportlicher Bezug oder nicht."[37]

TRENDPROGNOSE

>> **Die Akzeptanz der Sportmode steigt.** War es noch vor Jahren ein No-go, im Unternehmen Jeans zu tragen, wird das No-go der Yoga- oder Radhose künftig ebenso der Vergangenheit angehören.

>> **Die Gruppe der Sportimage-Fans** hat enormes Potenzial für den Sporthandel. Aber auch für alle Dienstleister, die Ideen und Möglichkeiten entwickeln, wie sich das Bedürfnis nach Sportlichkeit aus der Darstellungsform in Aktivität transformieren lässt.

>> **Die meisten der Nichtsportler wollen,** können aber nicht – aus Mangel an Zeit, Möglichkeiten oder weil sie den richtigen Sport nicht gefunden haben. Diese Kunden investieren ins Image ihrer Sportlichkeit. Sie möchten alles: Fashion, Function und Fitness.

>> **Mit einem veränderten Sportbegriff** wird sich auch das Bild davon ändern, was unter Sportlichkeit verstanden wird. So können auch „Sportarten" einen Lifestyle- und Konsumcharakter bekommen, die derzeit noch nicht unter dem Aspekt gesehen werden.

„Nicht mehr draußen im Wald soll heute trainiert werden, sondern mitten in der Stadt. Auf Straßen und Plätzen, in Stadtparks und Freizeit-anlagen nehmen die Menschen ihre tägliche Fitnesseinheit."

F4Circle

DURCHBEWEGEN

Zugang ist die neue Zauberformel für den Ad-hoc-Sportler. Wie bei den Games wird sich im Sport eine Casual-Sports-Bewegung etablieren: Vom Gassiführer und Milchholer bis zum To-go-Plattmacher.

„Besser als nie" wird zum Credo der Casual-Sportler

Jetzt und überall muss Sport für die Ad-hoc-Sportler umsetzbar sein.
Mit ihrem Bedürfnis nach einer schnellen, akuten Verbesserung verändern
sie den öffentlichen Raum – und den Sportbegriff.

3

Bedürfnis: Ausgleich
Sport als Zustandsregulierung
Modus: aktiv / ad hoc / situativ
Fokus: Entspannung / Wellness
Effekt: Spaß und Freude, Entlastung

Nicht immer wird Sport mit einem langfristigen Ziel betrieben, sondern kann ganz klar einer kurzfristigen Momentabsicht dienen. Wer unter dieser Motivation Sport betreibt, bereitet dies nicht lange vor, und wenn, dann wird eine einmalige Aktion geplant. Die Intention ist immer eine physische wie psychische Zustandsverbesserung.
Dahinter steht kein Muss, es geht vielmehr um reines Wollen. Es können Tage, Wochen vielleicht sogar Monate vergehen, in denen kein Sport betrieben wird. Zumindest nicht bewusst.
Zugrunde liegt der pragmatische Wunsch nach Bewegung, und zwar jetzt sofort. So verabredet sich der Ad-hoc-Sportler nicht mehr zum Kaffee mit der Freundin oder auf ein Bier mit dem Freund, sondern zum Laufen oder Mountainbiken mit ihnen. Ein sekundärer

Unterhaltungseffekt ist also nicht ausgeschlossen. Sport und Bewegung findet in dieser Form unabhängig von Vereinsmodellen statt, der Zugang zu den „Sportstätten" muss spontan und jederzeit möglich sein. Am besten integriert in den Alltag – aber auch während der Geschäftsreise oder des Urlaubs. Das stellt die Infrastruktur der Städte und Regionen vor neue Aufgaben, denn Sport sollte mittendrin und überall möglich sein. Stadt- und Regionalplaner werden daher künftig mehr Bewegungsräume schaffen müssen, die unkomplizierte, zeitunabhängige Nutzung ermöglichen – im deutschsprachigen Raum bisher kulturell praktisch nicht verankert.

Intransparente, große Bewegungsgruppe
Die Sporttreibenden dieser Bedürfniskategorie waren primär im Wellnessbereich zu finden. Doch mit der Zeit mussten sie feststellen, dass Sauna, Massage und Ruhe einen kurzfristigen, aber kaum dauerhaften Wohlfühleffekt generieren. Zwischen den Jahren 2011 und 2013 ist die Zahl der Deutschen ab 14 Jahren, die nie Wellness-Studios besuchen, gestiegen.[1]
Viele wechseln aus dem passiven in den aktiven Modus und praktizieren jetzt „aktives Wellness". Allerdings in genau so einem Modus – dann, wenn es akut ist. Und daher sind jene Verbraucher, die Sport als einen Zustandsregler nutzen, eine schwer greifbare Konsumentengruppe, da sie anders als ein Vereins- oder

Foto: © iStock/Elliskaboo

Raus aus dem Büro, rauf aufs Brett: Surfen mitten in München auf der Eisbachwelle

Fitnessstudiomitglied keinen kontinuierlichen Bedarf repräsentieren. Sie sind punktuell unterwegs, nutzen die Angebote ad hoc, machen heute das eine und morgen das andere. Zudem lassen sie sich nicht auf Geschlecht, Alter und/oder Herkunft eingrenzen.

Allerdings kann der Kunde über das zentrale Motiv des Wunsches nach kurzfristigem Effekt angesprochen werden, und das lässt die Verbrauchergruppe ziemlich groß werden. Die sucht Erlebnis oder Entlastung – und findet sie eben nicht in klassischen Sportstätten und in traditionellen Mannschaftssportarten, die viel Planung voraussetzen. Diese Form des Ad-hoc-Sports ist für jene interessant, die viel unterwegs sind oder in anderen Bereichen ihres Alltags vielen Strukturen unterworfen sind – Berufstätige oder auch Eltern. Und auch für jene, die lange klassischen Tagesroutinen unterworfen waren und den gewonnenen Freiraum nicht wieder aufgeben mögen: Best Agers.

Zustandsregulierung verändert Sportarten

Der Anspruch, kurzfristig Stimmung und Körpergefühl zu verändern, temporär ein gutes Grundgefühl zu erhalten, verändert die Sportarten. So haben sich 2013 zum Beispiel 35 Prozent mehr Frauen zum Boxen angemeldet als noch im Vorjahr. Und auch die Sportarten transformieren sich und erfinden sich neu.
Einstige Nischensportarten differenzieren sich

zunehmend aus. Beispiel Yoga, von
• Acro Yoga (Akrobatik)
• über Bikram Yoga (Yoga bei 38 Grad Raumtemperatur)
• bis Broga (Yoga für Männer)
gibt es für jeden etwas. Und das zunehmend ohne Zeit- und Ortszwang. Die Studios bieten Drop-in-Kurse an oder die Praktizierenden sind Abonnenten von Online-Studios.

Bei Yogaraumonline.de oder Yogaeasy.de lassen sich die Videos nach verschiedenen Yoga-Stilen, Dauer und natürlich Anspruch (Anfänger, Gesundheit, Kräftigung etc.) filtern. Solche Angebote sind ideal für den spontan Sportbedürftigen.
yogaraumonline.de, yogaeasy.de

Wer Angst hat, dass Haltungen falsch ausgeführt werden, wird künftig automatisch korrigiert. Zumindest sobald Programme wie Eyes-Free Yoga[2] den Markt erobern. Eyes-Free Yoga nutzt Microsoft Kinect, um den Yoga-Lehrer zu ersetzen. Sechs Asanas werden unterrichtet, indem die Körperhaltung durch das Programm ermittelt wird und es im Anschluss ein akustisches Feedback für den Übenden gibt. So kann die Position eigenständig korrigiert werden, bis sie korrekt ausgeführt ist.
dub.washington.edu/projects/eyes-free-yoga

53

Ad-hoc-Sportler erobern
sich die Städte zurück

Foto: Speedminton

Wearable Technology in Kleidung wird nicht nur Sportaholics zu neuen Leistungsgefühlen verhelfen, sondern über Sensoren auch Ad-hoc-Sportlern den spontanen Einstieg in eine Sportart ermöglichen. Die Technik wird zum Instruktor, ein Trainer ist nicht mehr nötig. Damit kann Sport noch stärker jenseits gewohnter Rahmenbedingungen wie einem Kurs, speziellen Trainingsorten und Uhrzeiten ausgeübt werden.

Ad-hoc-Sport wandelt Städte

Zunehmend finden Sport und Bewegung außerhalb genormter Stätten statt. Auf die Frage, wo Sport ausgeübt wird, wo körperliche Betätigung stattfindet, antworteten 48 Prozent der EU-Bürger „in einem Park, in freier Natur", 31 Prozent gaben an, dass sie sich auf dem Weg zwischen Wohnung, Arbeit, Schule und Einkaufen körperlich betätigten.[3] Jeweils 11 Prozent gaben an, im Fitnessstudio oder im Verein Sport zu treiben, ebenso viele spontan woanders. Sportliche Aktivität wird sich künftig immer mehr in den urbanen Alltag integrieren. Es geht nicht um das Reaktivieren von Trimm-dich-Pfaden, zu denen man erst aufbrechen musste, sondern um die Möglichkeit, sich überall und jederzeit auspowern zu können.

4Fcircle ist ein Anbieter, der genau diese Lücke füllt. In seiner Idee des Bewegungskonzepts spricht der Anbieter von Fitness-Parcours genau jene Kunden an, die spontan eine Bewegungseinheit zur Zustandsregulierung einbauen möchten: „Sich fit zu halten ist so selbstverständlich wie Essen und Trinken – und soll genauso viel Spaß machen. 4Fcircle® greift dieses Bedürfnis auf: Wir wollen ganz nah bei den Menschen sein. Nicht mehr draußen im Wald soll heute trainiert werden, sondern mitten in der Stadt. Auf Straßen und Plätzen, in Stadtparks und Freizeitanlagen nehmen die Menschen ihre tägliche Fitnesseinheit. 4Fcircle® ist stets präsent, durchgehend geöffnet, animiert zum Ausprobieren und überzeugt durch motivierende Komponenten zum regelmäßigen ‚Trainingskonsum'."[4] Die Abdeckung an 4Fcircle-Parcours ist bereits recht beachtlich, reicht von Antalya über Köln und Wien bis Zossen und deckt auch Regionen jenseits der Großstädte ab.
www.playparc.de

Auch der Sportpark des TV 1861 Rottenburg umfasst neben einem hochmodernen Sportvereinszentrum mit integriertem, täglich von morgens bis abends zugänglichen Fitnessstudio einen Außenbereich, der auch Nichtmitgliedern offensteht. Drei Felder für Beachvolleyball, Beachfußball oder Beachhandball, eine ein Kilometer lange und abends beleuchtete Finnenbahn zum Walken oder Joggen, Bikepark, Slacklinepark, Trialgelände, Hartplatz mit Skateanlage und Basketballkörben sowie Fußballtoren können teils kostenlos und intuitiv nach Lust und Laune genutzt werden.[5]
sportpark-1861.de

Urbane Sportstätten sind durchgehend geöffnet

Nirgends ist es schöner als draußen
Wo üben Sie Sport aus oder betätigen sich körperlich?

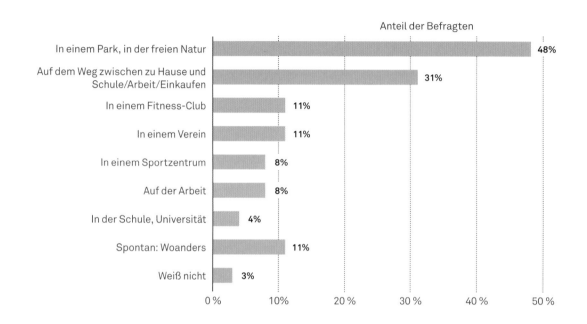

Anteil der Befragten

In einem Park, in der freien Natur	48%
Auf dem Weg zwischen zu Hause und Schule/Arbeit/Einkaufen	31%
In einem Fitness-Club	11%
In einem Verein	11%
In einem Sportzentrum	8%
Auf der Arbeit	8%
In der Schule, Universität	4%
Spontan: Woanders	11%
Weiß nicht	3%

Quelle: Europäische Kommission, 2010

Öffentliche Duschen, Spinde und Umkleidekabinen für Jogger im Park sind da nur eine weitere Idee, um die Flexibilität für Sportler zu erhöhen. Ähnliche Konzepte für Fahrradstationen gibt es bereits, etwa das McDonald's Cycle Center in Chicago oder das Cycle-2City[6] Center in Brisbane mit 33 Duschmöglichkeiten, 420 Spinden und natürlich 420 Stellplätzen. Weitere futuristische Konzepte sind geplant, die auch ungenutzte Flächen umwandeln, etwa die in Toronto stark diskutierte Fahrradstation im Untergeschoss der City Hall. Auf 24 Parkplätzen soll Platz für 380 Fahrräder geschaffen werden, inklusive vier Duschen.[7]

Anbieter, Hersteller und Serviceunternehmer sollten sich die Frage stellen, wie die Bikemania und das Erfolgsmodell Bike-Sharing auf andere Sportarten übertragen werden könnten. Oder wie eine möglichst hohe Flexibilität für Sportler gewährleistet werden kann.

Sind die Einrichtungen erst einmal in der Öffentlichkeit präsent, werden sie auch genutzt. In Basel sind sogenannte Wickelfische[8] Alltag: Schwimmsäcke, in denen die trockene Straßenkleidung verstaut, dann um den Körper geschnallt und zum Schwimmen in den Rhein mitgenommen werden kann. Am Ende des Baseler Rheinabschnitts angekommen, sind die Kleider trocken, der Beutel kann klein zusammengerollt und wiederverwendet werden. Die Idee des Wickelfisches wurde schnell von anderen Anbietern übernommen, und so gibt es bereits verschiedene Modelle für das Badevergnügen.

Urban Outdoor – 365 Tage im Jahr
Outdoorsport bietet derzeit wohl noch die vielfältigsten Möglichkeiten, um kurzfristig Sport zu machen: Schuhe an und los. Laut einer Umfrage von Media Control von 2012 freuen sich 79 Prozent der Deutschen auf ihren Outdoorsport - Fahrradfahren, Wandern, Schwimmen

oder Joggen. Warme Winter, bessere Kleidung, Technik und Infrastruktur lassen Outdoorsport zu einem Zwölf-Monats-Ereignis werden. Und dies vielschichtiger und facettenreicher als je zuvor. Nicht vergessen werden dürfen die einst klassischen Jugendtrendsportarten wie Skaten, Slacklinen oder BMX-Rad, die zunehmend auch von über 40-Jährigen praktiziert werden.

Doch nicht jede Region verfügt über saubere Flüsse zum Schwimmen, renaturierte Au-Landschaften zum Laufen, Felsen zum Klettern und Bouldern, Gewässer zum Paddeln oder Berge zum Radfahren und Schnee zum Skilaufen. Outdoorsport war bisher nicht immer eine sehr spontane Angelegenheit. Erst langsam transformieren sich urbane Regionen so, dass Outdoorsport innerhalb des Ortes praktiziert werden kann. Die wachsende Nachfrage nach spontanen Bewegungsmöglichkeiten im Freien kann vor allem über die Multifunktionalität von Gebäuden, Landschaft und Nutz- und Zweckdingen erfüllt werden.

In Kopenhagen kann demnächst auf der Müllverbrennungsanlage Ski gefahren, geklettert, gewandert werden. Der „Amager Bakke" wird eine neue Ära des multifunktionellen Nutzens von Funktionsgebäuden einleiten. 31.000 Quadratmeter Skigebiet, inklusive einer schwarzen Piste, werden auf dem 470 Millionen Euro teuren Projekt entstehen. Für das Land, das das Wetter zum Wintersport hat, nur eben nicht die nötigen Berge, eine ideale Lösung, um Skisport unproblematisch für jeden spontan möglich zu machen. Im Sommer lockt dann das Areal zum Klettern und Laufen und anderen Bergsteigeraktivitäten.
a-r-c.dk

Gebäude, Plätze, Straßen sind das Studio und Stadion der Ad-hoc-Sportler

Foto: © CityBootCamp

Multifunktionalität von öffentlichem Raum
wird zur Notwendigkeit, um zukünftig dem
Wunsch nach spontanem Bewegungsdrang
der Menschen gerecht zu werden

Genug von der Passivität? Abkehr vom Wellnesstrend

Bevölkerung in Deutschland nach Häufigkeit des Besuchs von Wellness-Studios
in der Freizeit von 2011 bis 2013 (Personen in Millionen)

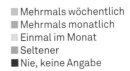

- ▨ Mehrmals wöchentlich
- ▨ Mehrmals monatlich
- ▨ Einmal im Monat
- ▨ Seltener
- ■ Nie, keine Angabe

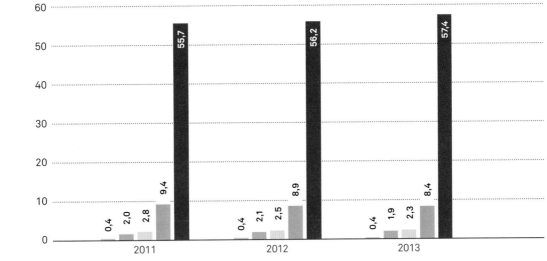

Quelle: VuMa, 2014

Ebenfalls in Dänemark, in Roskilde, dient ein Überflutungsbecken, das bei Hochwasser vor Überschwemmung schützt, gleichzeitig als Skatepark. Von den 445 Meter Kanal sind 110 Meter aus Beton und bieten damit perfekte Voraussetzungen für geübte Skater. Der Rest ist asphaltiert und für Anfänger geeignet. Doch nicht nur die Boarder haben hier ihren Spaß, am Rand gibt es Trampolins und andere Bewegungsgeräte. In der Nähe des Bahnhofs von Rotterdam wurde ein ähnliches Konzept am Benthemplein umgesetzt: ein Wasserpark, der ebenfalls als Skateranlage genutzt werden kann.
musicon.dk

Auch aus verlassenen Orten lassen sich neue Sportstätten für die To-go-Sportler entwickeln. Die Pariser Politikerin Nathalie Kosciusko-Morizet schlägt vor, die zum Teil seit 75 Jahren nicht mehr genutzten U-Bahnstationen, wie die von Arsenal, in Schwimmbäder zu transformieren.[9]
tinyurl.com/lbgrfsc

In Kopenhagen wurde eine alte Kapelle samt Krematorium in ein Tanzstudio umfunktioniert, und alte Brückenpfeiler, wie der Cannstatter Pfeiler in Stuttgart, sind längst beliebte und herausfordernde Kletterterrains.
www.dansekapellet.dk

Sportplätze für jedermann

Im Prinzip muss so gut wie jede von Menschen erschlossene Fläche auch die Möglichkeit bieten, dass Bewegung an, in oder auf ihr möglich ist. Waren einst vor allem Kinder und Jugendliche hier Zielgruppe und Ansprechpartner, sind es heute Konzepte, die generationsübergreifend passen müssen.

Dies kann die Aufgabe von Kommunen sein, wird aber zunehmend auch von der Zivilgesellschaft oder kommerziellen Anbietern in die Hand genommen. Die Entwicklung der letzten Jahre hat gezeigt, dass klassische Sportstätten häufig nicht mehr in dem Maße genutzt werden wie noch vor einigen Jahrzehnten. Zugrunde liegt hier weniger ein Desinteresse an

Bewegung, vielmehr werden andere Bewegungsformate gewünscht.

In immer mehr großen Städten im deutschsprachigen Raum werden City Bootcamps gegründet. Inmitten des urbanen Raums finden Ganzkörper-Workouts im Freien statt, „Trainingsgeräte" sind das eigene Körpergewicht und Hindernisse, die auf der Strecke liegen – Bänke, Geländer, Treppen.[10]

Die Straße wird zum Stadion, wenn Street Fitness an Ampeln oder Bushaltestellen stattfindet oder wenn urbane Betonburgen zum Parcouring-Gelände in Eigenregie umgemünzt werden. Während Sportplätze verwaisen, boomen dafür Sporttreffpunkte wie zum Beispiel Beach38° in München, wo ganzjährig Beachvolleyball und Beachsoccer gespielt werden kann. Mit dem Slogan „Raus aus der Turnhalle, ab an den Strand" trifft der Anbieter den Zeitgeist.[11]

Eine Lösung für Städte und Kommunen (wie auch privatwirtschaftliche Anbieter) sind multifunktionelle Anlagen. In den Niederlanden wurde ein Konzept für ein vierdimensionales Sportfeld entwickelt, das zwischen drei verschiedenen Untergründen variieren kann. Dadurch können vom Mannschaftssport bis zum Individualsport die unterschiedlichsten Sportarten gespielt werden. Den Entwicklern von Sublean und InnoSportNL schwebt so eine 24/7-Nutzung der Fläche vor. Zu testen ist das 4D-Feld derzeit im FieldLab in Eindhoven.[12]

Die stete Reihe an Insolvenzen von Badelandschaften oder Skihallen zeigt, dass Sportstätten-Angebote zur Destination passen müssen. Die Plätze und Hallen dürfen vor allem nicht in den Spaß- und Wellnessbereich abdriften, sondern müssen Sport garantieren, der nicht einmal, sondern mehrmals praktiziert werden kann. Das muss nicht immer traditionell sein, wie der Boom an Kletter- und Boulderhallen zeigt.

Velorution und Mobilitätskonzepte

Aber nicht nur in den Alltag integrierte Sportstätten sind eine neue Notwendigkeit für zukunftsfähige Regionen, Städte und Metropolzentren. Auch die Verkehrsplanung muss sich den neuen Spontan-Sportlern anpassen. Radfahren zählt zu den beliebtesten Ad-hoc-Ausgleichs-Sportarten. 71 Millionen Fahrräder existieren dem Zweirad-Industrieverband zufolge in Deutschland. Damit verfügt hochgerechnet

jeder zwischen 8 und 80 Jahren über ein Rad. Und auch auf die knapp 8 Millionen Schweizer kommen nach einer Schätzung des Touring Clubs Schweiz rund 6,7 Millionen Velos. In Österreich verfügen laut Statistik Austria drei von vier Haushalten über ein Fahrrad, mit steigender Tendenz.

Die Einsatzmöglichkeiten sind vielfältig und lassen sich wesentlich differenzierter praktizieren als beispielsweise Joggen. Das belegen die Zahlen: 29 Prozent der über 14-jährigen Deutschen fahren in ihrer Freizeit häufig oder gelegentlich Rad, dagegen joggen und walken nur 16 Prozent. Nur Schwimmen wird von mehr Menschen als häufige oder gelegentliche Freizeitbeschäftigung genannt (30 Prozent).

Das liebste Kind der Deutschen: das Rad

Ob Mountainbike oder Rennrad, E-Bike oder Einrad, BMX- oder Fatbike – das Sport- und Bewegungsgerät lässt sich an die unterschiedlichsten Situationen und verschiedensten Lebensstile anpassen. Sie sind quasi überall einsetzbar und je nach Bedürfnissituation zwischen Ausspannen und Adrenalin aussteuerbar. Das macht sie für den spontanen Bedürfnissportler extrem interessant. Von den Deutschen, die das Fahrrad mindestens an einem Tag die Woche als Verkehrsmittel nutzen, sind zwei Drittel an mehreren Tagen damit unterwegs.

Von den 6,5 Millionen Deutschen, die in ihrer Freizeit häufig radeln, ist mehr als jeder zweite berufstätig, knapp jeder vierte befindet sich in Ausbildung. Nur 8 Prozent der Freizeitradler nutzen das Fahrrad auch nur in ihrer Freizeit.[13] Das Fahrrad hat definitiv eine arbeitsbezogene Bedeutung – ob als Fortbewegungsmittel oder als Entspannungssportgerät oder in einer Kombination aus beidem.

Radwege der Zukunft könnten zum Beispiel wie der von Sir Norman Foster[14] entworfene SkyCycle aussehen. Die 220 km lange Strecke soll ein weitverzweigtes Netz an Radwegen durch London bilden, und das oberhalb von Bahngleisen. Damit sollen bereits bestehende Trassen genutzt werden. Jede Route könnte bis zu 12.000 Fahrradfahrer pro Stunde aufnehmen, insgesamt könnten 6 Millionen Menschen darauf unterwegs sein.
www.fosterandpartners.com

Sportivity heißt mit Gewohntem zu brechen und Dingen einen zweiten Nutzen zu geben. So können Rolltreppen ihre Funktion umkehren und zu mehr Bewegung verhelfen.

Sir Norman Foster schweben 220 Kilometer Schnellradweg durch London vor

Während das 260-Millionen-Euro-Projekt aus der Feder des Stararchitekten noch eine Vision ist, werden die Cycle Highways in London bereits Realität. Fünf gibt es bereits, bis 2015 sollen sieben weitere folgen. Gesponsert werden die Fahrradwege von der britischen Barclays-Bank, die entlang der Routen auch ein Leihrad-System betreibt. Die Cycle Superhighways sind in der blauen Unternehmensfarbe der Bank gestrichen und sollen das Radfahren in London populärer, bequemer, sicherer und schneller machen. Mit Erfolg, auf manchen Routen ist bereits eine Nutzungssteigerung von 200 Prozent registriert worden.[15]
tinyurl.com/mso64mo

Kopenhagen realisierte nach dem Londoner Vorbild ein ähnliches Projekt. Der Supercykelsti Kopenhagen soll nach Fertigstellung 500 km Radschnellwege auf 28 Routen umfassen. An dem Großprojekt beteiligen sich neben der dänischen Metropole weitere 20 Kommunen des Landes. Entlang des Netzes sind 15 Servicestationen geplant. Und die Kosten für solche Radwege sind weitaus geringer als für neue Autobahnen: Würde ein Kilometer Autobahn in Dänemark bis zu 13 Millionen Euro kosten, liegt ein Kilometer Supercykelsti zwischen 190.000 und 390.000 Euro.[16]
supercykelstier.dk

TRENDPROGNOSE

>> **Die Stadt wird zum Studio:** Sport und Bewegung zur Zustandsregulation basieren auf höchster Flexibilität. Wer Sport als Ad-hoc-Tool nutzt, benötigt Immerverfügbarkeit, zeit- wie ortsunabhängig.

>> **Sport machen, wenn es akut ist.** Sport als Zustandsregulierung wird vor allem im urbanen Raum realisiert. Multifunktionalität von Straßen und Bauwerken, aber auch Umgestaltung öffentlicher Anlagen – auf die Stadtplanung kommen neue Aufgaben zu.

>> **An Mobilitätsschnittstellen wird sich der nächste Sportwellness-Hype abspielen.** Die Konsumenten von morgen suchen nicht mehr nur Ruhe und passive Wellness, ihre Aktivität verändert die Entspannungsbranche entscheidend.

>> **Zustandsregulation braucht Freiheit:** Klassische Sportstätten müssen sich öffnen, für Ad-hoc-Sportler dezentral, generationsübergreifend und jederzeit präsent sein. Maximale Flexibilität wird gerade von denen gewünscht, die in Tagesroutinen gefangen sind.

ABGESCHMETTERT!

**Vielen mag es wie eine Drohung klingen: Sport wird die Arbeit
der Zukunft. Denn zwischen Jugend-Sport und Alters-Achtsamkeit
klafft die große Lücke der Sportgesellschaft: die Arbeitswelt.
Das wird sich ändern.**

Sport ist Arbeit: Künftig zählt auch die Fitness zur Karriere

Wie der Wunsch nach physischer und psychischer Gesundheit Arbeitskultur und Sportgesellschaft verändert.

Bedürfnis: Gesunderhaltung
Sport als Vorsorge und Pflicht
Modus: aktiv / kontinuierlich / geplant
Fokus: Selfness
Effekt: langfristiges Wohlbefinden

Der Wert des „schaffe, schaffe, Häusle baue" in unserer Gesellschaft wird mehr und mehr ersetzt durch den Wert der Gesundheit. Und Gesundheit ist heute mehr denn je ein Mix aus der richtigen aktiven Versorgung des Körpers. Jedes Kind weiß, dass Sport gesund ist, und wer heute etwas auf sich hält, macht Sport. So ist es kein Wunder, dass das Status-symbol von morgen ein gesund aussehender Körper ist. Sport wird dabei für viele zum Pflichtprogramm, zum Teil eines Müssens statt Wollens. Als Pflicht wird Sport künftig akzeptiert wie andere Alltäglichkeiten, die nicht outgesourct werden können – wie die Notwendigkeit der Körperhygiene oder des Geldverdienens. In welchem Umfang diese Pflichten ausgeführt werden, obliegt jedem Einzelnen und seinen inneren Bedürfnissen. Wo es um Pflicht geht, ist der moralische

Zeigefinger nicht fern: man könnte, müsste, sollte immer mehr machen.

Sport und Bewegung wird verstanden wie einst die Arbeit. Statt sich auf der Party über die neuesten Bewegungen auf dem Finanzmarkt auszutauschen, wird der persönliche Bewegungsindex besprochen und wie gut die neue Sportart, die neuen Schuhe oder die neue App der Gesundheit derzeit tun. Sport ist eine ernste Sache, die von den Gesundheitsarbeitern mit professioneller Seriosität betrieben wird. Gerade die Deutschen sind pflichtbewusste Gesundheitssportler, so gaben drei von vier in einer Befragung durch die Europäische Kommission an, dass sie Sport treiben, um etwas Gutes für ihre Gesundheit zu tun. Im EU-Durchschnitt waren es nur 61 Prozent. Aber auch Spaßanspruch und Leistungsfaktor sind für die Deutschen höher (46 bzw. 45% im Vgl. zu EU-weit 31 bzw. 24%), wenn es um sportliche Aktivität geht.[1]

Bewegung ist Realität
Der Zugang zu klassischen Sportarten wird künftig für mehr Menschen zur Hürde. So lernen Kinder heute zum Beispiel seltener und später Schwimmen, speziell wenn sie aus sozial benachteiligten Herkunftsfamilien stammen. Laut Ludger Schulte-Hülsmann vom DLRG hat jeder fünfte Grundschüler heute keinen Zugang mehr zum Schwimmunterricht, nur noch zwei Drittel der Kinder schaffen es zum Seepferdchen.[2]

Übergewichtige, unsportliche Kinder prägen das Bild in den Medien wie nie zuvor. Die Zunahme adipöser Kinder gibt Anlass zur Beunruhigung, aber Zahlen wie jene aus der KIGGS-Studie des Robert-Koch-Instituts zur Kindergesundheit in Deutschland[3] relativieren das Bild ein wenig. Trotz intensiven Medienkonsums wie Fernsehen oder Computerspielen bewegen sich 78 Prozent der 3- bis 17-Jährigen viel – etwa im Freien oder beim Sport im Verein.[4] Auch andere Umfragen unter Kindern ergeben, dass zwei Drittel sich für Sport interessieren oder sogar sehr interessieren.[5] Eine Umfrage des Medienpädagogischen Forschungsverbands Südwest bestätigt, dass rund 70 Prozent der 6- bis 13-jährigen Kinder zwischen täglich und mindestens einmal die Woche Sport treiben.[6]

Das verändert sich im Jugendalter nicht, so betätigen sich 77 Prozent der 12- bis 19-jährigen Buben und 68 Prozent der gleichaltrigen Mädchen täglich oder mehrmals die Woche sportlich. Es scheint, dass das Verlangen nach Bewegung da ist und sich im Kindes- und Jugendalter auf natürliche Weise (sofern es Turbo-Abitur, Ganztagsschulen und andere mit einem Arbeitsalltag vergleichbare Formen der Kindererziehung zulassen) ausleben lässt. Erst während des Einstiegs ins Berufsleben sinkt der Bewegungsindex rapide.

Nichtsport findet Aufmerksamkeit

Das lässt zum einen die These zu, dass wir in einer derart sport- und gesundheitsgeprägten Gesellschaft leben, dass Nichtsportlichkeit und Übergewicht weitaus mehr Beachtung finden als noch vor zwei, drei Generationen. Wer heute aus dem Sportideal herausfällt, fällt auf. Zum anderen kann daraus gefolgert werden, dass es nicht die Unlust an Bewegung ist, die Menschen vom Sport abhält, sondern der Zugang und die Möglichkeiten zu körperlicher Aktivität. Sportlichkeit und Beweglichkeit werden aber häufig noch mit einem sehr klassischen Verständnis der Begriffe verbunden. Es geht

Workout am Schreibtisch mit dem Rebel Desk

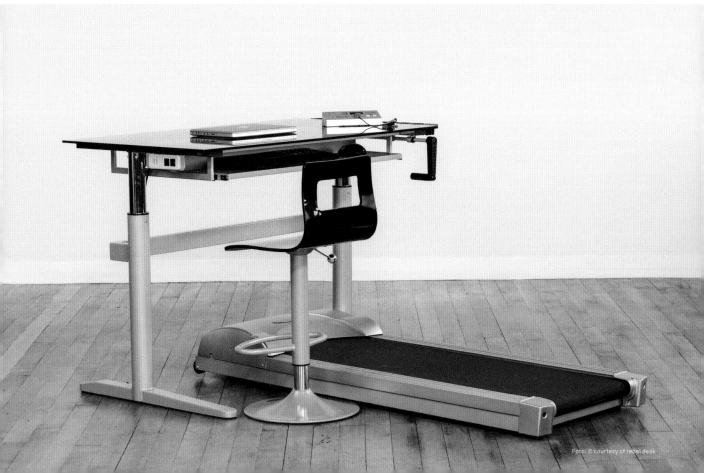

Foto: © courtesy of rebel desk

Die Zukunft der Arbeit: Bewegung im Büro

um physische Leistung, um Anstrengung, um Verzicht, und irgendwie darf es auch nicht wirklich Spaß machen. So ist es demnach auch kein Wunder, dass Sport in vielen Fällen gar nicht als solcher erkannt wird. Jeder Weg, der mit dem Fahrrad zurückgelegt wird, ist eine Form des Sports. Auch Tanzen ist Sport – ganz egal, ob er im Verein oder in der Disco ausgeübt wird. Und auch Freizeitspiele werden häufig von den Ausübenden nicht als Sport bezeichnet, selbst wenn sie Bewegung und Wettkampf implizieren. Vor diesem Hintergrund sind die Zahlen der Nicht-Sportausübenden kritisch zu hinterfragen.

Sport: Ein hochwirksames Medikament

Der Terminus des Gesundheitssports ist in unserer Gesellschaft mittlerweile fest verankert. Von Krankenkasse bis Sportbund, von Fitnessmarkt bis Fitnessmarke wird Bewegung mit erhobenem Zeigefinger postuliert, mit der Botschaft, dass nur, wer sich bewegt, auch gesund ist, bleibt und wird. Es geht ganz klar um die Erhaltung, Verbesserung oder Wiederherstellung eines Zustandes, der dem derzeitigen Bild von Gesundheit entspricht:
• Mobilität
• Jugendlichkeit
• Schlankheit

• Fitness

Doch das Bild verändert sich – Marathon wird künftig nicht mehr das alleinige Nonplusultra für einen gesunden Lebensstil sein, der ewige Jugend verspricht. Unterstützt wird diese Entwicklung von Medizinern, die zwar zu Sport und Bewegung raten, aber in Maßen. „So gut wie Bewegung auch ist, ist sie vergleichbar mit einem hochwirksamen Medikament", so der Bestsellerautor, Kardiologe und Universitätsprofessor Dr. James O'Keefe. Bei einer Überdosierung wirkt sich Sport gesundheitlich eher nachteilig denn förderlich aus.[7] Seine Untersuchungen haben ergeben:
• Bis 30 Kilometer die Woche hat Joggen einen gesundheitsfördernden Effekt.
• Ab 40 Kilometer ist die Sterblichkeitsrate der Sportler jedoch genauso hoch wie jene von Nichtsportlern. O'Keefe ist der Ansicht, dass wir unseren Lebensstil wieder dem unserer Vorfahren angleichen müssten, um gesund zu bleiben oder wieder zu werden. Er hält einen Bewegungs- und Ernährungsindex für richtig, der dem der Jäger- und Sammlerkultur ähnelt. Täglich 30 bis 50 Minuten Ausgleichssport hält der Wissenschaftler für angemessen. Die Bewegungen sollten am besten jenen gleichen, die auch unsere Ahnen vollführten:

gemäßigtes Laufen, Klettern, Bücken, Heben, Tragen oder Schwimmen.[8]

O'Keefe geht davon aus, dass mit einem „Steinzeit-Lebensstil" modernen Krankheiten entgegengewirkt werden könne. Und er steht mit dieser These nicht alleine da. Der „Paläo"-Lebensstil bekommt in Gesundheits- und Fitnesskreisen eine immer größere Menge an Anhängern. Und die „Steinzeitstrategie"[9] ist längst zu einer gewinnbringenden Branche avanciert, mit To-go-Produkten, Workout-Programmen und Lebensstilberatung. Auch hier geht es weniger um Spaß und Freude am Sport, sondern um die Verwirklichung eines langfristigen Ziels: gesund zu altern.

Paläo-Sport im Büro

Dass Sport nicht nur zur Prophylaxe dient, sondern auch rehabilitierend wirkt, setzt sich als Strategie auf dem Gesundheitsmarkt zunehmend durch. Von Herzinfarkt über Depression bis Bandscheibenvorfall – Sport scheint überall der moderne Schlüssel zu einer schnellen Genesung. Ärzte können ihren Patienten längst Bewegung per Rezept verschreiben.[10] Noch liegt es aber weitgehend in den Händen des Gesundheitssystems und des Einzelnen, mittels eines hohen Aktivitätsindexes für die Gesundheit zu sorgen.

Zwar versucht man, Arbeitgeber über betriebliches Gesundheitsmanagement mit einzubinden, deren Part ist jedoch selten mehr als ein Salatbuffet und ein Zuschuss zum Sportcenter. In 31 Prozent der Unternehmen fehlt es an jeglichen Angeboten, die auch nur im Entferntesten etwas mit Bewegung zu tun haben, und sei es ein Gymnastikball oder nur ein Fahrradständer.

Überhaupt scheinen die Bedürfnisse der arbeitenden Bevölkerung und die Vorstellungen der Arbeitgeber auseinanderzugehen. So bieten zwar 23 Prozent der Unternehmen in Deutschland Betriebssport an, in Anspruch genommen wird er aber nur von 9 Prozent der Arbeitnehmer.[11] Falls im Unternehmen vorhanden, werden am

Arbeit am Selbst – aber bitte auch in der Arbeit

Warum treiben Sie Sport oder betätigen sich körperlich?

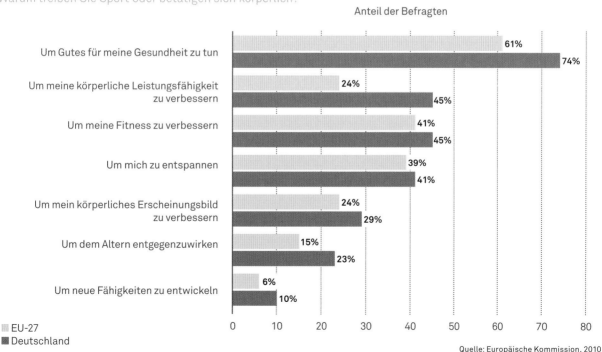

Anteil der Befragten

EU-27
Deutschland

Quelle: Europäische Kommission, 2010

Fotos: stirdesk

Zu viel gesessen? Der Kinetic Desk reagiert individuell auf den Bewegungs-index des Benutzers

häufigsten Duschen, Umkleideräume und Spinde sowie Fahrradabstellplätze genutzt. Das zeigt, dass die Menschen ihre Arbeit nur ungern zu einer vorgegebenen Zeit unterbrechen wollen, um Sport zu treiben.

Und somit gehen auch die Tipps der Medien mit „Five Ways to Squeeze Excercise into Your Workday" oder „Three Ways to Build Fitness into the Office Workday" oder noch schlimmer „How to Work Out Secretly at the Office"[12] am Urbedürfnis vorbei: Denn nicht der Sport soll sich nach der Arbeit richten, sondern die Arbeit nach dem Bewegungsverlangen.

Um die Idee von O'Keefe und anderen Paläo-Lebensstilvertretern zuzuspitzen: Auch der Office-Alltag muss sich wieder zur natürlichen Umgebung des Menschen verwandeln und ein Stück Steinzeitwelt integrieren. Erste Ratschläge der Paläo-Anhänger, wie der Nine-to-five-Büroalltag paläotauglich gehackt werden kann, sind in einschlägigen Magazinen[13] und Foren[14] zu

finden. Die Tipps setzen jedoch immer viel Aktionismus der Büroarbeiter voraus und erinnern mitunter an verzweifelte Versuche, ein Stück Restaktivität in den Alltag zu integrieren, wenn die entferntest gelegenen Drucker und Toiletten genutzt werden, nur um ein wenig mehr Bewegung zu bekommen.

Trail statt Mail

Innovationen im Büromöbelsegment sind gefragt, wenn es um das Thema Bewegung geht. Hier erwächst ein komplett neuer Markt, wenn Büromöbel auf einmal Fitnesstauglichkeit aufweisen müssen. 44 Prozent der Berufstätigen in Deutschland wünschen sich einen ergonomischen Arbeitsplatz, aber nur 13 Prozent der Unternehmen bieten das auch an.[15]

Dabei verbringt der durchschnittliche Büroarbeiter 80.000 Stunden seines Berufslebens sitzend. Eine Katastrophe für Rücken, Herz-Kreislauf-System und Blutwerte. Eine negative Beeinflussung von Gesundheit und Wohlbefinden lässt sich nur abwenden, wenn die Möbel sich verändern. Etwa durchs Stehen. So verbrennt ein 75 Kilogramm schwerer Mensch 300 Kalorien, wenn er an einem Acht-Stunden-Arbeitstag seinen Bürostuhl gegen ein Stehpult austauscht.[16]

Der Kinetic Desk von Stir ist ein Schreibtisch, der mittels Sensoren merkt, wenn sich der Benutzer längere Zeit nicht bewegt hat, und diesen zum Aufstehen zwingt, indem er sich automatisch vom Sitz- zum Stehplatz verwandelt.[17]
www.stirworks.com

Noch effizienter wird der Arbeitsalltag, wenn Sportgeräte gleich integriert sind. Kathleen und Jeff Hale von Rebel Desk haben aus dem eigenen Bedürfnis heraus, sich während der Arbeit mehr zu bewegen, den sogenannten Treadmill Desk entwickelt. Unter dem Stehschreibtisch wird dabei ein Laufband, wie man es aus Fitnessstudios kennt, platziert. Der Büroarbeiter kann sich nun während des Denkens, Schreibens, Telefonierens langsam fortbewegen.[18]
www.rebeldesk.com

Beim britischen Sportartikelhersteller Sweaty Betty gibt es nicht nur ein Yoga-Studio, sondern auch ein striktes Verbot, den Fahrstuhl zu benutzen. Bei drei

Work-In statt Workout:
Der Office-Alltag muss sich
für denSport öffnen

Der perfekte Arbeitsplatz: Co-Working in der Kletterhalle

Stockwerken fällt einem das leichter, wenn man als echter Workout-Office-Arbeiter weiß, dass Treppensteigen siebenmal so viele Kalorien verbrennt wie im Fahrstuhl stehen, dass es Stress reduziert und den Stoffwechsel anregt.
sweatybetty.com

In den jungen Start-ups, hippen Büros und trendigen Kreativoffices gehören Tischkicker und Tischtennisplatten ja fast schon zur Grundausstattung. Egal wie, Arbeitgeber müssen ihren Mitarbeitern und auch ihren Kunden ermöglichen, am Arbeitsplatz beweglich zu bleiben. Ein Rest Eigeninitiative vorausgesetzt.

All das zeigt, wie stark die Arbeitskultur durch die Megatrends New Work und Gesundheit im Wandlungsprozess ist. Arbeit muss Spaß machen und wird zur Freizeitkultur, Gesundheit wird zum Pflicht- und Arbeitsprogramm. Die beiden Megatrends verändern nicht nur Unternehmensstrukturen und Beschäftigungsformen, sondern auch unsere Arbeitsräume. Egal ob großes oder kleines Unternehmen, Angestellter oder

Freelancer – die Voraussetzungen müssen gegeben sein, um am Arbeitsplatz aktiv werden zu können. Denn dauerndes Sitzen führt nicht nur zum körperlichen Versteifen, sondern auch zum geistigen. Nachlassende Produktivität und Motivation sind die Folgen. Künftig werden immer mehr Büros Workout-Tauglichkeit beweisen müssen. Sowohl für die Möbelindustrie als auch für Arbeitgeber sind diese Entwicklungen von großem Interesse.

Denker arbeiten beim Sport
Vorbei geht die Integration von Fitness ins Arbeitsleben derzeit noch vor allem an der wachsenden Zahl von Freiberuflern. Diese haben zwar mehr Möglichkeiten in ihrer Selbstbestimmung und können ihren Bewegungsdrang mit Terminen damit besser koordinieren – wenn es der Arbeitsalltag zulässt. Denn nicht selten ist das Leben der Arbeitsnomaden sesshafter als angenommen. Moderne Dienstleister erkennen diese Chance: Immer öfter finden sich Co-Working-Anbieter in direkter Nachbarschaft von Rekreationsräumen oder verfügen sogar, wie Enerspace, über eigene Fitnessstudios.[19]

Manche integrieren Sportangebote in ihre Meetingräume, wie es beispielsweise CoCo in der Metropolenregion Minneapolis und St. Paul macht. Es gibt den Game Room mit Dartscheibe oder den Billardroom, in dem man nicht nur Pool, sondern auch Tischtennis spielen kann.[20]
cocomsp.com

In Massachusetts läuft es umgekehrt, nicht der Sport wird in die Arbeitskultur integriert, sondern die Arbeit in die Sportkultur. Die Kletterhalle Brooklyn Boulders Somerville hat einen kollaborativ nutzbaren Workspace in die Halle integriert, den jedes Mitglied der Kletterhalle kostenfrei nutzen kann. Zumindest was monetäre Kosten angeht: Ein Stehtisch kostet fünf Klimmzüge, ein Schreibtisch mit einem Balanceball statt Stuhl ist für fünf Sit-ups zu bekommen. Die 30 Arbeitsplätze sowie die Lounge-Area sind mit freiem WLAN ausgestattet und werden mitunter auch für Businessveranstaltungen genutzt – von Start-ups, aber auch Unternehmen wie Vita Coco oder Puma. Ende März fand sogar ein TedX-Event in der Halle statt.[21]
bkbs.brooklynboulders.com

Meditation statt Marathon

Doch es ist nicht alleine mit der Integration von Bewegung in den Alltag des Schreibtischarbeiters getan. Gesundheitssport hat eine weitere Komponente – eine mentale. Dabei geht es zum einen natürlich um Gehirn-Jogging und um die Leistungssteigerung der grauen Zellen. Sportverbände wie der Deutsche Olympische Sportbund haben dieses Thema wie selbstverständlich in ihrem Programm und empfehlen insbesondere der Generation 50plus zehn Minuten Kopfsport am Tag.[22] Der Denkarbeiter jedoch hat meist nicht zu wenig, sondern zu viel Input in seinem Kopf. Sport wird häufig auch als gesundheitlicher Ausgleich genutzt, um psychischen Druck abzubauen. Und so verwundert es nicht, dass die

Bewegung im Job? Maximal auf der Karriereleiter
So sieht die Wirklichkeit aus: Diese Angebote finden Berufstätige in ihrem Betrieb vor

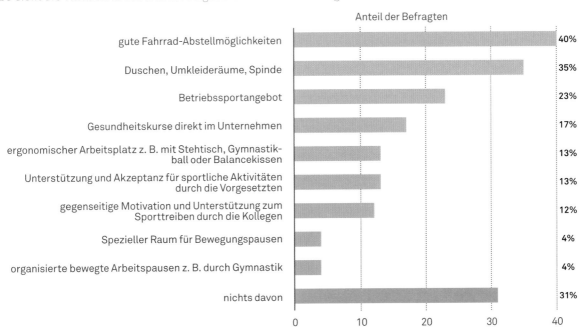

Anteil der Befragten

gute Fahrrad-Abstellmöglichkeiten	40%
Duschen, Umkleideräume, Spinde	35%
Betriebssportangebot	23%
Gesundheitskurse direkt im Unternehmen	17%
ergonomischer Arbeitsplatz z. B. mit Stehtisch, Gymnastikball oder Balancekissen	13%
Unterstützung und Akzeptanz für sportliche Aktivitäten durch die Vorgesetzten	13%
gegenseitige Motivation und Unterstützung zum Sporttreiben durch die Kollegen	12%
Spezieller Raum für Bewegungspausen	4%
organisierte bewegte Arbeitspausen z. B. durch Gymnastik	4%
nichts davon	31%

Quelle: „Beweg Dich, Deutschland!" – TK-Studie zum Bewegungsverhalten in Deutschland, 2013

Steigerung des psychischen Wohlbefindens das Hauptmotiv der deutschen Outdoorsportler ist.

Umfragen zeigen immer wieder, dass Arbeit der größte Stressfaktor im Leben der Menschen ist – noch vor finanziellen Problemen. Und ein Tabuthema, das Arbeitgeber teuer zu stehen kommen kann, wenn daraus ernste Gesundheitsprobleme entstehen. So ist zum Beispiel jeder fünfte Brite der Meinung, er könne seinem Chef nicht sagen, wenn der Stress zu viel wird.[23] Und gleichzeitig geben mehr als die Hälfte der Manager an, dass sie gerne mehr tun würden, um das Wohlbefinden ihrer Mitarbeiter zu verbessern, nur bräuchten sie mehr Training und Anleitung.

Ein Lösungstool, das nicht nur den Mitarbeitern zugutekommt, sondern auch in Managerkreisen immer beliebter wird, ist der Entspannungssport. Doch während Yoga-Kurse zumindest in vielen großen, international aufgestellten Unternehmen bereits Alltag sind, sie quasi zum Pflichtprogramm des Freiberuflers gehören, mangelt es in den klein- und mittelständischen Unternehmen noch an solchen Angeboten.

Stillsein ist das neue Laufen

Doch die Hemmschwelle sinkt. Und während in den letzten Jahren Ausgleich in einen Running-Boom mündete, zeichnet sich jetzt ab, dass das Stillsein zum neuen Laufen wird. Ob Yoga, Tai Chi, Qi Gong oder Meditation – immer mehr Manager tauschen die Marathonschuhe gegen ein Meditationskissen ein.

Das Erfrischende und Gesunde: Bei diesen Sportarten geht es nicht um Bestzeiten und Performance, es müssen keine Wettkämpfe gewonnen werden, es geht nicht ums Messen mit den Arbeitskollegen oder um einen Firmenlauf. Stattdessen geht es um das individuelle Finden von Klarheit, Orientierung und dem Weg. Denn ein starker Wille alleine reicht heute nicht mehr aus, um Unternehmen und Mitarbeiter zu führen. Zwei der renommiertesten Wirtschaftshochschulen, die Harvard Business School[24] sowie INSEAD[25], haben aufgrund ihrer Forschungsergebnisse gefolgert, dass zwei der effektivsten Mittel zur Unternehmensführung im 21. Jahrhundert Meditation und Intuition sind. Corporate Meditation wird zum neuen Schlagwort und ist im Silicon Valley längst Alltag.

Meditation hat aber in Bezug auf Sport noch einen weiteren Vorteil: Sie lässt Athleten besser werden. Mentales Training ist im internationalen Profisport längst Alltag, das Fach der Sportpsychologie auf dem aufstrebenden Ast, und auch im deutschsprachigen Raum werden deutlich mehr Gelder für das mentale Training lockergemacht als noch vor einigen Jahren.

An renommierten Vorbildern mangelt es nicht. So setzen eine Vielzahl an Spielern und Teams der US-amerikanischen Basketball-Liga NBA zum Beispiel auf Meditation und Achtsamkeit. Der vierfache Goldmedaillengewinner im Diskuswerfen Al Oerter nutzte bereits in den 1960er Jahren Visualisierungs- und Imaginationstechniken zur Verbesserung seiner physischen Leistungen, der neunfache Weltrekordhalter im Freitauchen Christian Redl setzt auf Mentaltraining,[26] und seit dem Dopingvorwurf gegen die Biathletin Evi Sachenbacher-Stehle wissen wir auch von ihrem Mentaltrainer.

Zukunftsinstitut I Sportivity

TRENDPROGNOSE

>> **Grenzen zwischen Sport und Business,** Gesundheit und Leistung, Geist und Körper verschwinden zunehmend. Sport wird zur Arbeit in doppeltem Sinne – praktiziert aus neuem Pflichtbewusstsein: Er dient nicht nur dem Körper, sondern auch dem Kopf.

>> **Mentaltraining und Mediation** sind neue Formen des Gesundheitssports mit viel Potenzial für Trainer, Coaches, Seminare, Medien. In der Arbeitskultur wird die Integration eines weit gefassten Entspannungssports unerlässlich für erfolgreiche Unternehmen.

>> **Sport als Arbeit bedeutet:**
• Bewegung ist eine Notwendigkeit und nicht zwangsläufig Spaß (wie einst die Einstellung zum Broterwerb).
• Unternehmen müssen Aktivitätsmöglichkeiten in den Arbeitsalltag integrieren.
• Die Notwendigkeit, das Gehirn systematisch zu trainieren – mit Achtsamkeit, Meditation und Mentaltraining.

MEHR KÖNNEN, ALS MAN KANN

Eine neue Welle der Selbstwirkung steht ins Haus. Die Erweiterung der persönlichen körperlichen Grenzen durch „Sport-Plus"-Tools wird immer selbstverständlicher. Bald werden sie zu einem Teil des Körpers.

„*Exoskelette sind die Jeans der Zukunft.*"

Ross Angold,
Gründer Ekso Bionics

Transhumaner Sport: Körper-tools verschieben die Grenzen

In den kommenden Jahren wird es im Freizeitsport immer normaler, persönliche Grenzen durch Tools extrem zu erweitern. Techno-Doping wird zum Schlachtfeld im Profisport.

(5)

> **Bedürfnis: Selbsterweiterung**
>
> **Sport als Enhancement**
>
> **Modus:** aktiv / extrem
> **Fokus:** Grenzen verschieben
> **Effekt:** Erfahrungen / Erlebnisse

Andy Holzer ist blind seit Geburt. Am 27. März 2014 brach er auf, um den Mount Everest zu besteigen, den letzten der „Seven Summits" – der höchsten Berge auf jedem Kontinent –, der ihm noch fehlte. Bei solchen Unternehmungen nutzt er seine extrem geschärften Sinne sowie Hilfsmittel technischer und „menschlicher" Natur in Form von Navigatoren.[1] Er klettert durch senkrechte Wände und sieht weder, wo er greifen, noch, wo er treten muss. Andy Holzer verschiebt die Grenzen dessen, was machbar ist – was denkbar ist. So wie tausende und abertausende Menschen vor ihm.

Sportler verschieben Grenzen permanent. Aber nicht nur die Grenzen der persönlichen körperlichen Fähigkeiten sind in Bewegung: In den kommenden Jahren wird es immer stärker auch um die trans-körperlichen Möglichkeiten gehen. Stichworte wie Gen-Doping, Techno-Doping und Human Enhancement werden für den Spitzen- und für den Breitensport der kommenden Jahre eine wachsende Rolle spielen. Schon heute tobt die Diskussion um das, was denkbar, machbar und wünschbar ist.

Regeln für den transhumanen Sport

Im Vorfeld der Winterspiele 2014 in Sotschi wurde über den „schnellsten Anzug der Welt" diskutiert, den die US-Eisläufer nach jahrelangen geheimen Entwicklungen durch den Waffenhersteller Lockheed Martin[2] trugen. Schon 2010 hatte der inzwischen berüchtigte Schwimm-anzug LZR der Firma Speedo für Aufsehen gesorgt: Der wasserabweisende Ganzkörperanzug schloss winzige Luftpolster ein, die dem Schwimmer mehr Auftrieb verschaffen. 168 Weltrekorde gingen auf das Konto des nanotechnischen Wunderwerks, bevor es durch die Sportinstitutionen verboten wurde. Technologie im Sport setzt die Frage, wo Grenzen überschritten werden und wann zusätzliche Regeln nötig sind, immer öfter in einen ganz neuen Zusammenhang. Bessere Erkennt-nisse durch wesentlich mehr Daten – Stichwort Big Data und Sensoren zur Erfassung von Bewegungsabläufen – und schnelle Umsetzung in neue Ingenieursleistungen zeigen: Leistungssport und Leistung im Sport sind ein mächtiges neues Technologie-Spielfeld. Sport wird sich in der Verschiebung dieser Grenzen in den kommenden Jahren völlig neu erfinden.

In manchen Bereichen ist die Verschiebung schon sichtbar. Bis vor einiger Zeit galt Behindertensport als ein Randphänomen und das Handicap stand im Vordergrund. Die Zahl der Athleten und die mediale Aufmerksamkeit steigt jedoch rapide. Und gerade hier verändert die Technologie die Verhältnisse: Im 800-Meter-Lauf sind die „behinderten" Sportler heute dank moderner Rollstuhltechnologie klar schneller als die „gesunden" Läufer.

Leistung – wozu?

Was uns Menschen im tiefsten Inneren antreibt, uns zu steigern, uns zu verbessern, ist wissenschaftlich nicht eindeutig. Dass Menschen seit Jahrtausenden die Grenzen weiter und weiter verschieben, ist für jeden klar ersichtlich. Weshalb jedoch, ist durchaus die Frage. Die Verhaltenspsychologie verwendet seit einigen Jahren den Begriff der Selbsterweiterung[3] als Motiv, sich mehr physische und psychische Möglichkeiten zu verschaffen. Ein Antrieb, der im Menschen grundsätzlich verankert ist und keinen bewussten Vorgang darstellt.

Schneller, höher und weiter zu kommen, dieses Grund-motto des Sports greift genau dieses Motiv auf und setzt damit bei der Erfahrungswelt des Sportlers an. Wer nach Jahren der Bewegungslosigkeit beginnt, wieder

Ein Nachfolger des Originals: Mit dem LZR Racer Elite 2 von Speedo kann jeder ambitionierte Laie seine Schwimmperformance verbessern

Foto: Speedo International Ltd

Der Ball wird zum Trainer

regelmäßig zu joggen, stellt nach kürzester Zeit fest, wie sich die Kondition verbessert. Statt fünf Minuten kann man schon bald zehn laufen und nach einigen Wochen vielleicht den ersten Halbmarathon. Der Körper adaptiert und erweitert unsere Grenzen, ohne dass wir es steuern können – es sei denn, wir würden wieder komplett aufs Sofa zurücksinken.

Schnell wächst die Adaption Richtung extrem

Sportler werden zudem oft vom Wunsch nach Flow-Erfahrung angetrieben. Schon bald fühlen die Aktiven das motivierende Erlebnis, als ob alles sich wie von selbst fügt, sie geraten in den „Flow-Kanal". Die Theorie des Flow ist ein Erklärungsmodell, das der Psychologe Mihaly Csikzentmihalyi in Bezug auf Risikosportarten entwickelte.[4] Er beschrieb dabei bestimmte Voraussetzungen, unter denen bei der Ausübung solcher sportlicher Aktivitäten der Flow-Zustand einsetzen kann:
1. Die Aktivität hat deutliche Ziele.
2. Wir sind fähig, uns auf unser Tun zu konzentrieren.
3. Anforderung und Fähigkeit stehen in ausgewogenem

Verhältnis, so dass keine Langeweile oder Überforderung entsteht.
4. Wir haben das Gefühl von Kontrolle über unsere Aktivität.
5. Mühelosigkeit
6. Unsere Sorgen um uns selbst verschwinden.
7. Unser Gefühl für Zeitabläufe ist verändert.
8. Handlung und Bewusstsein verschmelzen.

Zwischen Angst und Langeweile wächst die Adaption schnell in Richtung extrem. Sportler erklären das immer wieder. Etwa Anne-Marie Flammersfeld, eine Personal-Trainerin aus Sankt Moritz, die 2013 im „4 Deserts Run" 1.000 Kilometer durch die Wüsten der Welt lief. Zuvor war sie gerade einmal zwei Marathons gelaufen und dachte bis 2010, eine Distanz von 42,195 Kilometern sei extrem: „Aber die Definition von ‚extrem' verschiebt sich und das Extreme wird irgendwann normal."[5]

Bis zu einem gewissen Grad ist es also ein Effekt der menschlichen Natur und des Körpers, sich in Richtung eines zunehmend extremen Verhaltens zu bewegen. Dass „Extremsport" aber ein so relevantes Thema wird, liegt vor allem auch am gesellschaftlichen Umfeld, in dem dieser heutzutage stattfindet. Extremsportler berichten übereinstimmend von der großen Bedeutung der Willenskraft auf dem Weg zu ihren Leistungen,[6] auf einer höheren Ebene geht es aber vor allem auch um den persönlichen Wertehorizont des Sportlers.[7] Die momentane gesellschaftliche Umgebung begünstigt ein Set an Werten, in dem sich das Streben nach Außerordentlichkeit über den Sport manifestiert. In vielen andern Umfeldern spielen Teamfähigkeit, Offenheit und Austausch eine Rolle, etwa in der Arbeit oder in der Familie – der Sport hingegen ist ein Residuum des Nicht-Egalitären.

Sport als Vereinfachung

Der Sportler ist als Athlet zutiefst leistungsorientiert. In der komplexen modernen Umgebung ist der Sport in vielerlei Hinsicht eine Vereinfachungssystematik: Wer schneller ist, gewinnt. Die meisten anderen Lebensumfelder sind weitaus weniger eindeutig. Feedback kommt beim Sport in der Regel sehr schnell, Bewertungen sind zumeist sehr klar und simpel vorzunehmen. Gesellschaftliche Anerkennung, kombiniert mit dem positiven Gefühl des Flow-Erlebnisses, übt eine extrem hohe Anziehungskraft auf viele Menschen aus, so dass immer mehr Menschen nach dieser Rezeptur suchen.

Für Sportler eröffnet sich damit aber ein Dilemma, und zwar sowohl für den Leistungssportler wie für den Amateur, wenn auch mit anderer Akzentuierung.
• Der Leistungssportler bezieht seine berufliche Berechtigung ganz grundsätzlich aus der Verbesserung seiner Leistung. Er muss besser sein als seine Kontrahenten, was in der Regel nach einer immanenten Steigerungslogik verlangt.
• Der Amateur hingegen ist eher Opfer des Flow, der ihn jenseits seiner normalen, in der Regel wesentlich weniger unmittelbaren Lebensumgebung zu immer weiter gesteckten Grenzen treibt.

Für beide stellt sich die Situation ab einem gewissen Punkt als eine Art Weggabelung dar: Wie kann man die Leistung steigern, um entweder weiter siegen oder weiter den Flow spüren zu können? Was an Hilfsmitteln zur Steigerung von Leistung ist erlaubt und was ist verboten oder wird gesellschaftlich sanktioniert?

Human Enhancement

Was es gibt, kann man besser machen. Mit diesem Ansatz wurden jahrzehntelang immer neue Rekorde aufgestellt. Die rasante Entwicklung der Trainingslehre lässt, gerade in jungen Sportarten, die Leistungen regelmäßig geradezu explodieren. Dennoch gelangt dieses System in vielen Bereichen des etablierten Leistungssports längst an Grenzen, die auf körperliche Art nicht mehr zu überbieten sind. In der Biomechanik geht man davon aus, dass die physiologische Grenze für einen 100-Meter-Lauf bei 9,5 Sekunden liegt. Wie gerade auch die 100-Meter-Disziplin zeigt, sind im Leistungssport stets auch die Grenzen nahe – zur unerlaubten Verbesserung der Leistung über Doping.

Acht von den zehn schnellsten Sprintern wurden des Dopings überführt, wobei Doping immer nur das ist, was als unerlaubt auf der Liste der Anti-Doping-Organisationen steht (vergleiche hierzu Interview Seite 89). So einfach, wie es klingt, ist es aber nicht. Denn im Umkehrschluss bedeutet das natürlich, dass das, was noch nicht auf der Liste erfasst ist oder nicht nachgewiesen werden kann, eben keine verbotene Verbesserung ist. Dennoch bleibt dieser Bereich noch vergleichsweise kontrollierbar. Es ist ein Rennen von Hase und Igel, aber nach Regeln, die man immerhin immer neu justieren kann.

Doping für jeden

Weitaus diffuser sieht die Situation für den Alltagssportler aus. Wer Sport treibt, um sich einen Ausgleich zu verschaffen, um Neues zu erleben oder um sich gesund zu halten, wie wir in den anderen Kapiteln dieser Studie zeigen, ist trotzdem nicht gefeit vor den Verlockungen des „Enhancements", also der Verbesserung von Leistungen über das hinaus, was regelmäßiges, gutes und effektives Training ermöglicht.

Sich „künstlich" zu verbessern, etwa über funktionale Ernährung, oder sich sogar weit darüber hinaus neue Fähigkeiten zu verschaffen, die Menschen sonst gar nicht haben, ist ein zunehmend interessanter, weil auch zunehmend akzeptierter Grenzbereich. Gerade jenseits

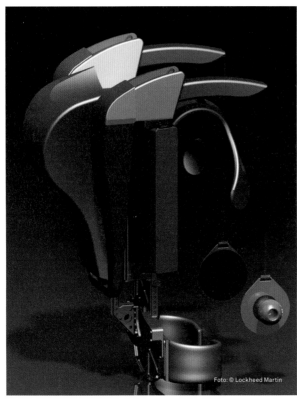

Exoskelett Hulc: Die Jeans der Zukunft?

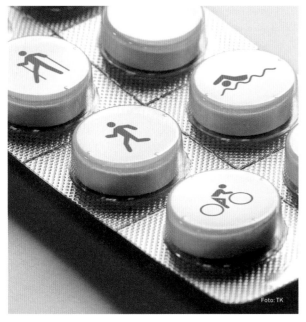

Sport mit Schmerzmitteln ist für viele Trainingsalltag

des offiziellen Wettkampfsports wird ein weites Feld eröffnet, das immer mehr Menschen Zugang bieten wird zu Erfahrungen, die sie sonst nicht machen könnten, das aber auch zu ganz neuen Sportarten führen wird.

Beispiel Exoskelette

So erregte Ende 2013 der querschnittsgelähmte Steve Holbert Aufsehen, als er mit Hilfe seiner Gedanken und einer „Brain Cap" ein Exoskelett namens „NeuroRex" steuerte und damit wieder gehen konnte.[8] Die US-Waffenschmiede Lockheed Martin bietet unter dem Namen Hulc ein Titan-Exoskelett an, mit dem Soldaten rund 90 Kilo Last über weite Strecken in jedem Terrain tragen können.[9] Russ Angold, Mitgründer der Firma Ekso Bionics, träumt davon, irgendwann in einen Sportladen gehen zu können, um sich dort ein Exoskelett zu kaufen. Für ihn ist klar: „Das sind die Jeans der Zukunft."[10]

In Zukunft werden weite Bereiche des Freizeitsports von den erweiterten Möglichkeiten der temporären Körperverbesserung erfasst werden:

• Schon heute diskutieren Fahrradmedien sowie die Mitglieder des Deutschen Alpenvereins, ob es zu rechtfertigen ist, dass Menschen dank E-Mountainbikes auf Touren in die Alpen fahren, die sie sonst niemals unternehmen könnten – mit all den Effekten von Naturbelastung, steigenden Kosten für die Bergrettung überforderter oder verunglückter Fahrer und nötigen neuen Regeln zur Nutzung von Wegen und Flächen.

• Das gleiche Thema wird sich entspinnen für Rucksacktragehilfen für Hochtouren-Geher, Aufstiegshilfen für Skibergsteiger, Handkraftunterstützer für Kletterer, Exo-Arme, die Ermüdung bei Kajafahrern reduzieren und so weiter. Was heute noch an den Kosten scheitert, wird künftig auf einem so interessanten Markt wie dem des Sports, speziell des Outdoor- und Ausdauersports, zu ganz neuen Varianten des Sporttreibens führen.

Beispiel Wearables

Am heißesten gekocht wird derzeit das Thema Wearables: schlaue Begleiter zum Anziehen, um die Fähigkeiten des Trägers zu erweitern. Juniper Research prognostiziert den Wearable-Markt (inklusive Smart Watches und Glasses) bis Ende 2018 auf 19 Milliarden US-Dollar, verglichen mit 1,4 Milliarden US-Dollar 2014.[11] Hier sind viele Konzepte schon auf dem Markt oder kurz davor, einen neuen zu eröffnen. Besonders spannend, neben der motivatorischen Komponente, ist dabei der Ansatz, intelligente Kleidung als „eingebauten" Trainer zu nutzen.

So hat zum Beispiel das kleine Unternehmen electricfoxy ein Sporthemd entwickelt, das bei Yoga und Pilates Positionskorrekturen vornehmen kann. Das in der Konzeptphase befindliche Oberteil ist mit vier Sensoren ausgestattet, die es dem Träger ermöglichen sollen, Bewegungen richtig auszuführen. Die Sensoren können Körperhaltungen und Muskelbewegungen erkennen und sind vorne, hinten und an den Seiten des Shirts eingelassen. Das Move-Oberteil weist durch leichten Druck an der jeweiligen Stelle auf falsche Bewegungen hin – genau wie ein menschlicher Coach es auch tut. Erweiterungen in Sportarten mit komplexen Bewegungsabläufen wie Golf sind leicht vorstellbar.
www.electricfoxy.com

Das Unternehmen Vibrado hat einen Basketball-Handschuh entwickelt, der von der Hand fast bis zur Schulter reicht und dem Träger helfen soll, den perfekten Wurf zu üben. Die Sensoren im Handschuh messen die Muskelbewegungen im Arm und zeigen Fehler mit LED-Leuchten an. Nach dem Training können auch hier die Daten am Smartphone ausgewertet werden. Ähnlich wie Move ist der Handschuh aber noch in der Testphase. Angehende Profisportler der Top Flight Sports Academy in Kalifornien durften den smarten Trainer schon ausprobieren.[12]
www.vibradotech.com

Das Start-up InfoMotion Sports Technologies baut den Trainer gleich in den Ball ein: Ihr Basketball 94 Fifty bringt dem Werfer den richtigen Wurf bei, indem er misst, wer wann wie mit welcher Hand in welcher Geschwindigkeit wirft und ob der Werfer dabei Kontrolle über den Ball hatte oder nicht. Derzeit gehen die Infos noch an ein Smartphone, aber mit der entsprechenden „smarten" Brille vielleicht schon bald während des Spiels direkt ins Sichtfeld.[13]
shop.94fifty.com

Auch die Großen haben das Potenzial schon erkannt: Hyperdunk, ein Basketball-Schuh von Nike, trackt mit einem Sensor in der Schuhsohle bei jedem Spiel

Pharma hilft: Schlucken gegen den Schmerz

Anteil der Sportler, die zur Unterstützung beim Sport zu Schmerzmitteln gegriffen haben

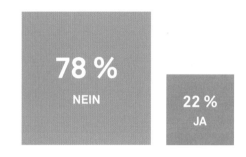

Quelle: Techniker Krankenkasse, 2012

Trotz Verletzung: Vier von zehn Sportlern trainieren weiter

Jeder siebte Sportler greift zu Schmerzmitteln, um trotz Verletzung trainieren zu können

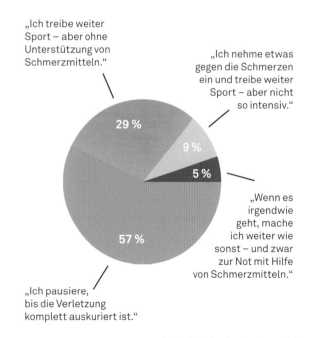

Quelle: Techniker Krankenkasse, 2012

Smartes Sportshirt:
Sensoren messen falsche
Bewegungen

die Daten. Auf dem Smartphone-Screen lassen sich die Statistiken dann vergleichen. „Meet your new Coach" wirbt das Unternehmen für seine smarte Basketball-Ausrüstung.[14]
www.nike.com

Beispiel Self-Tracking

Bereits auf dem Weg zum Massenmarkt befindet sich das Thema Tracking. Viele Produkte stellen sehr stark auf Community-Elemente ab, aber ein zentraler Aspekt bleibt eben auch das Erkennen und Bewerten der eigenen Leistung.

Jawbone Inc. bietet das Fitness-Armband „Up 24" an, das Schlaf-, Ess- und Bewegungsverhalten analysiert – sollte man sich zu wenig bewegen, erinnert das Armband daran. Es gibt auch eine Funktion, um seine Stimmungen zu managen. Die Daten schickt das Armband an seine eigene App auf dem Smartphone, kann aber auch mit anderen Fitness-Apps wie „Runkeeper" oder „FitStar" verknüpft werden. Jawbone ist auf dem umkämpften Fitness-Armband-Markt ganz vorne mit dabei und hat im September

2013 über 100 Millionen Dollar Investitionen erhalten, um die steigende Nachfrage erfüllen zu können.
jawbone.com/up

Etwas günstiger im Preis ist FitBit, das derzeit wohl bekannteste Produkt auf dem Markt. FitBit bietet im Prinzip die gleichen Features wie Up 24, hat aber zudem noch einen Gamification-Ansatz: Für das Erreichen von Fitness-Zielen gibt es virtuelle Abzeichen, die auch auf der Webseite veröffentlicht werden.
www.fitbit.com/de/company

Beispiel Funktionsnahrung

Die Idee, mit den richtigen Lebensmitteln einen sportlich-durchtrainierten und damit gesunden Körper zu erhalten, wird immer populärer. Allerdings geht die Entwicklung weg von der „Bückware" wie anabolen Steroiden. Stattdessen wird Wert auf Qualität und Transparenz gelegt. „Clean Sport Nutritions" oder eben saubere Sportriegel sind die Zukunft. Das lässt sich zum einen an den neuen Marken feststellen, die auf natürliche Zusatzstoffe und Effekte setzen, und zum anderen auch an der öffentlichen Präsenz der Vertreiber von Sportlernahrung.

Mehr als jeder dritte Sportler trainiert auch mit Erkältung

Von den unter 25-Jährigen und über 65-Jährigen sogar jeder zweite

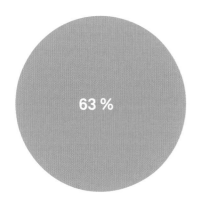  

63 % — „Ich pausiere, bis die Erkältung komplett auskuriert ist."

14 % — „Ich treibe weiter Sport – aber ohne Unterstützung von Erkältungspräparaten."

15 % — „Ich nehme etwas gegen die Erkältung ein und treibe weiter Sport – aber nicht so intensiv."

6 % — „Wenn es irgendwie geht, mache ich weiter wie sonst – und zwar bei Bedarf mit Hilfe von Erkältungspräparaten."

Quelle: Techniker Krankenkasse, 2012

Europas größte Fitnessstudio-Kette, McFit, die 2013 1,2 Millionen Mitglieder hatte und fast 200 Sportstudios in Deutschland, Österreich und Spanien betreibt, hat seit 2013 eine eigene Marke, unter der Sportnahrungsmittel verkauft werden. Qi2 wird mit schlichtem, ansprechendem Design Männern, Frauen und Bodybuildern angeboten. Während sich das „Basic"-Range in Grautönen an Männer richtet, die effizienter trainieren wollen, gibt es eine rosafarben gestaltete Auswahl für Frauen, die beim „körperbewussten Leben" unterstützen soll. Die dritte Palette ist die „Pro"-Reihe für all jene, die noch intensiver Muskulatur aufbauen wollen. Qi2 wirbt für den Online-Shop offensiv in Sport- und Fitnessmagazinen. Die Anzeigen sind hochwertig und minimalistisch, entsprechen in ihrer Gestaltung eher einer Werbung für Sportaccessoires als einer für Sportnahrungsmittel. Und richten sich durch klare Kommunikation an unterschiedliche Konsumentengruppen. Mit Berechtigung, denn während Frauen klassische Riegel-Konsumentinnen sind, bevorzugen Männer Sportgetränke – so die Ergebnisse des im Juni 2013 erschienenen „Packaged Facts Report: Sports Nutritionals Market in the U.S.: Sports Drinks and Nutrition Bars". Vor allem Individualsportler gehören zu den Abnehmern der energiebringenden Extranahrung, wie Läufer, Outdoor-Aktivisten, aber auch Yoga-Praktizierende.

Virtuelle Sportabzeichen protokollieren den Erfolg

Foto: Fitbit

Schnell und unkompliziert ist auch der Gang in die Hydro Clinic[15], die nicht nur, aber auch sportlich aktive Menschen für 30 US-Dollar aufwärts in einer halben Stunde mittels einer Infusion aufpäppelt. Die Methode, mittels intravenösen Zugangs Flüssigkeit und Nährstoffe zuzuführen, ist im Spitzensport gang und gäbe. Jetzt ist sie auch für jedermann möglich, und das nicht nur im sportlichen Kontext. So bietet sich der ergänzende „Kaufmann-Cocktail" mit Magnesium, Calcium, C- und B-Vitaminen zwar ideal für Menschen mit hohem Aktivitätsindex an, aber die Hydro Clinic richtet sich auch an Menschen, die einen stressigen Alltag haben.

Sport-Cyborgs

Wird der Sport über seine Erweiterungsfunktionen das wahre Einfallstor für die Cyborgs in die menschliche Gesellschaft? Die Voraussetzungen scheinen gegeben: Schon seit längerem spüren die meisten Menschen einen aus dem Individualismus gespeisten sanften, inhärenten Druck zur Selbstverbesserung. Während in akademischen Kreisen heftig um Brain Doping gestritten wird, sind die moralischen Vorbehalte im privaten Sportumfeld wesentlich weniger aufgeladen. Im Oktober 2016 soll im Zürcher Hallenstadion der erste internationale „Cybathlon" stattfinden, ein Wettkampf für „Roboter-unterstützte Parathleten". Die Disziplinen lesen sich wie eine Mischung aus Paralympics („Powered Wheelchair Race") und Science-Fiction („Powered Exoskeleton Race").[16]

Da sich weltweit das Wissen über Selbstverbesserungsprodukte rapide ausbreitet, werden auch die Übersetzungen in Bereiche jenseits des Wissenschaftlichen nicht lange auf sich warten lassen. Selbstdesign ist als Lebensaufgabe akzeptiert, somit ist alles, was dieser Aufgabe dient, zunächst einmal gut. Das wird ein sehr starker Motivator für individuelle Adaption auf ein gesellschaftlich erwünschtes Idealbild von Fitness.

TRENDPROGNOSE

>> **Digitalisierung ändert das Sportbild:** Völlig neue Erkenntnisse über Trainingsdaten, Spielverläufe, Körperdaten entstehen. Die Digitalisierung des Sports macht den Körper zum Träger für technisch gesteigerte Leistung.

>> **Umfeld wird offener:** Das Idealbild „Fitness" fördert die Bereitschaft zur technologisch gestützten Selbstverbesserung stark. Self-Tracking deckt Schwachstellen und Verbesserungsoptionen auf. Ausrüstung, Technik und Gadgets validieren, ob man besser wird.

>> **Zugang wird einfacher:** Das Wissen über technologische Selbsterweiterung steigt rapide an. Was früher einem Zirkel von Experten bekannt war, wird schneller und weiter verbreitet.

>> **Die Sportmärkte werden über transhumane Sporttools noch stärker in angrenzende Märkte expandieren:** Gesundheit, Ernährung, Mobilität. In der Kombination der Bereiche liegen große Chancen für neue Geschäftsmodelle der Zukunft.

Derzeit ein Synonym für Doping-
Skandale: der Radrennsport. Zu Unrecht,
so Professor Dr. Ansgar Thiel

„Auch Spitzensportler sind Menschen"

Ansgar Thiel, Direktor des Instituts für Sportwissenschaft der Eberhard-Karls-Universität in Tübingen, über den Sinn von Dopingregeln, verrotteten Sport und den Dopingsünder als Teil der Geschäftsgrundlage moderner Medien.

In der Sportwissenschaft spielt das Thema Leistungssteigerung naturgemäß eine wichtige Rolle. Auf der einen Seite stehen die Erkenntnisse der Trainingslehre, die über natur- und sozialwissenschaftliche Ansätze immer besser verstanden und nutzbar gemacht werden. Eine große Rolle spielen aber auch biomechanische Forschungen zum Verhalten des Körpers unter Einwirkung bestimmter Bewegungen oder bei der Unterstützung durch technische Tools. In einem derart breiten Feld wie dem Sport sind es aber vor allem die Anwender, die neue Elemente ins Spiel einbringen. Vom Individualsportler bis zum größen Industriehersteller: Alle arbeiten permanent am „Hacking" der Regeln, um schneller, höher, weiter zu kommen.

Herr Thiel, was ist Doping?

Hier muss man Regelwerk und Alltagsverständnis unterscheiden. Von der World Anti Doping Agency (WADA) gibt es einen Anti-Doping-Code mit klaren Bestimmungen und eine Liste mit Wirkstoffen, an der sich die Sportler orientieren können. Was auf dieser Liste drauf steht, ist Doping, alles andere nicht. Die öffentliche Diskussion ist jedoch viel diffuser.

Inwiefern diffus?

Erstens wird der Begriff Doping nicht nur auf den Spitzensport bezogen, sondern auch dann verwendet, wenn im Bodybuilding Anabolika genommen werden, um mehr Muskeln zu bekommen, oder wenn Studenten Aufputschmittel nehmen, um bessere Resultate bei Prüfungen zu erzielen. Zweitens wird in Bezug auf den Spitzensport oft unterstellt, dass Athleten, die eigentlich gar nicht zu den Besten gehören, irgendein Präparat nehmen und dann viel, viel schneller sind als die anderen Athleten. So einfach ist es aber nicht. Spitzensportler arbeiten jahrelang extrem hart für das, was sie leisten. An der Spitze sind die Abstände sehr eng, da machen ein paar Prozent etwas aus. Drittens ist auch die moralisierende Darstellung dopender Athleten als gemeine Betrüger zu sehr vereinfacht. Nehmen wir an, ein Athlet, der jahrzehntelang alles für den Sport aufgegeben hat, merkt plötzlich, dass andere bessere Leistungen erbringen als er, obwohl die vorher immer viel schlechter waren. Nun vermutet er, dass die anderen gedopt haben. Was soll er jetzt tun? Selber dopen und in der Spitze bleiben oder sauber bleiben und alles, für das er so lange gearbeitet hat, verlieren? Moralisch ist Doping nicht so leicht zu beurteilen. Vor allem kann man nicht sagen, der Spitzensport besteht nur aus Betrügern, nur weil es Doping gibt.

Aber der Einzelne betrügt ja dennoch.

Ja. Das Hauptproblem aber ist, dass in der Öffentlichkeit gleich der ganze Sport als verrottet dargestellt wird, wenn ein Sportler beim Dopen erwischt wird. Dabei könnte man es genau umgekehrt sehen. Jede Aufdeckung eines Doping-Tatbestandes könnte auch als Beweis dafür genommen werden, dass das Dopingsystem funktioniert. Wir vergessen bei der Dopingdiskussion oft, dass der Großteil sportlicher Leistungserbringung eben nicht vom Doping charakterisiert wird. Training ist das Wichtigste, viele Jahre lang systematisch trainieren. Das kommt in der Diskussion nicht zum Tragen.

Wenn es so diffus ist, haben sich Dopingkontrollen dann überholt?

Nein, die Freigabediskussion halte ich für Unsinn. Sportlicher Wettkampf kommt ohne Regeln nicht aus. Aber ich meine, dass das Dopingthema in der öffentlichen Diskussion überhöht wird im Vergleich zu anderen Problemen des Spitzensports. Viele Athleten nehmen zum Beispiel massenhaft Schmerzmittel. Nicht wenige Athleten stehen so unter Druck, dass sie psychisch erkranken. In manchen Sportarten werden die Athleten darin trainiert, versteckte Fouls zu begehen. In den USA wurde der Trainer der New Orleans Saints gesperrt, weil er Prämien an Spieler zahlte, wenn sie den Quarterback der gegnerischen Mannschaft verletzten. Es gibt eine Menge an deviantem Verhalten im Sport, das das gleiche Prinzip wie Doping hat: sich ungerechtfertigt einen Vorteil gegenüber anderen zu verschaffen.

Wäre es mit Freigabe nicht einfacher zu verstehen?

Nein. Ohne Regeln, und dazu gehören auch Dopingregeln, lassen sich Wettkämpfe nicht mehr vergleichen. Will man sportlichen Wettkampf mit einigermaßen transparenten Voraussetzungen, dann braucht man auch Vorschriften, welche Substanzen ein Athlet nehmen darf und welche nicht. Und damit braucht man auch das Dopingkontrollsystem.

Was wären die Folgen einer Freigabe?

Wir hätten möglicherweise ein ganz offizielles Wettrüsten der pharmazeutischen Industrie ohne ein Ende nach oben. Das Endresultat wäre eine Freakshow, künstlich hochgezüchtete Körper würden gegeneinander antreten.

Wäre damit das Problem gelöst?

Nein. Selbst wenn Doping freigegeben würde, bräuchten wir noch Regeln, wenn es um Gesundheitsaspekte, Körperverletzung oder Menschenrechte geht. Etwa bei Kindern und Heranwachsenden. Um die Einhaltung dieser Regeln zu prüfen, bräuchte ich aber wieder ein Kontrollsystem, und damit holt uns genau die gleiche Diskussion wieder ein.

Wenn die Regeln bestimmen, was Doping ist, gibt es dann außerhalb des Wettkampfsports kein Doping?

Doping ist das, was die Dopingregeln vorgeben. Dort, wo die Dopingregeln nicht gelten, ist es kein Doping. Wenn ich Amphetamine für mich selber nehme, dann ist es eine andere Logik. Dann ist es vielleicht Medikamentenmissbrauch und damit ein Straftatbestand. Wenn wir das Thema Doping greifen wollen, dann müssen wir uns auf das Thema Betrug im Wettkampfsport konzentrieren. Also auf Handlungen, die im kompetitiven System „Sport" darauf angelegt sind, andere zu überbieten – auf unrechtmäßigem Wege. Sich in anderen Kontexten mit Mitteln zu verschönern oder zu verbessern, das ist eine andere Sache.

Was wäre eine mögliche Lösung? Wie wird man künftig damit umgehen?

Die zynischste Form wäre, auf alle Dopingkontrollen zu verzichten, aber zu behaupten, man mache Dopingkontrollen. Dann wird so getan, als ob es eine Kontrolle gibt, aber es wird niemand überführt – der Sport wäre also scheinbar sauber. Das ist aber keine Lösung. Wenn man nach Regeln spielen will, dann braucht man auch eine Polizei. Das Ideale wäre, das Kontrollsystem so auszuweiten, dass man sich sicher sein kann, dass jeder erwischt wird. Das ist monetär und infrastrukturell nicht möglich. Nicht jeder Athlet kann rund um die Uhr einen Kontrolleur haben. Nicht zuletzt aus Gründen der Menschenwürde ist eine Dauerüberwachung keine Lösung. Man muss also Gelder in engmaschige Dopingkontrollen investieren und damit leben, dass nicht alle Dopingsünder erwischt werden.

Das werden die Medien kaum akzeptieren.

Für die Massenmedien wäre es beispielsweise im Radsport gar nicht schlecht gewesen, wenn niemand erwischt worden wäre. An diesem Beispiel sieht man ja auch, dass bei der Dopingdiskussion viel Heuchelei dabei ist. Solange es gute deutsche Athleten gab, die nicht erwischt wurden, war Doping immer nur ein Problem der anderen. Heute hat die Berichterstattung umgestellt. Nun wird das Thema Doping instrumentalisiert. Doping ist skandalös, und das Fallen von Helden ist guter Stoff. Heute scheinen die Medien viel lieber über einen Sumpf an mafiösen Dopingstrukturen zu berichten als über die Radsportwettkämpfe. Für den Sport hat das gravierende Auswirkungen. Der Radsport hat an gesellschaftlicher Reputation völlig verloren. Es wird fast so getan, als ob es keinen Radsport ohne Doping gäbe.

Ist Doping also nur ein mediales Problem?

Nein, natürlich nicht. Es gibt immer Menschen, die versuchen zu betrügen. Ob im Sport oder bei Klassenarbeiten. Ein bestimmter Prozentsatz der Menschen ist immer bereit, Grenzen zu überschreiten, um sich einen Vorteil zu verschaffen. Im Spitzensport ist es genauso, vielleicht noch zugespitzter. Hier gibt es Systemzwänge. Athleten bereiten sich Jahre vor, um bei wichtigen Wettkämpfen wie den Olympischen Spielen zu gewinnen. Dafür geben sie sehr viel auf. Unterstützung kriegen sie nur, wenn sie Topleistungen erbringen. Für sie kann es zu einem existentiellen Problem werden, wenn die anderen dopen und sie nicht.

Kann engmaschig kontrollieren künftig heißen, über technologische Mittel wie Selftracking zu überwachen?

Hier muss eine Ethikdiskussion geführt werden: Inwieweit ist die Dauerüberwachung eines Menschen akzeptabel? Auch Spitzensportler sind Menschen. Man muss den Wunsch nach einem sauberen Sport gegenüber den Rechten des Individuums auf Privatheit abwägen. Ich würde dennoch sagen, man braucht bis zu gewissen Grenzen ein engmaschiges Kontrollsystem. Man muss aber auch die Athleten von einer hohen Aufdeckungsrate überzeugen. Nicht die tatsächliche Wahrscheinlichkeit, dass man beim Doping erwischt wird, ist abschreckend, sondern die subjektive Überzeugung des Athleten, dass er erwischt wird. Wenn ich denke, man erwischt mich, dann überlege ich mir zweimal, ob ich betrüge. Damit das alle Athleten glauben, sollte man vor allem darauf setzen, die Leistungsfähigkeit unseres Dopingkontrollsystems zu vermarkten, anstatt es bei jedem aufgedeckten Dopingfall als uneffektiv zu diskreditieren.

Was gibt es für Sekundärmöglichkeiten?

Wir wissen aus der gesundheitsbezogenen Risikoforschung im Spitzensport, dass eine übermäßige Risikobereitschaft sinkt, wenn ich Freunde außerhalb des Sports habe und ein soziales Netz, das mich auffängt, wenn der Sport wegfällt. Man sollte von Athleten also nicht nur die Konzentration auf den Spitzensport fordern, sondern auch, dass sie Interesse an Dingen außerhalb des Sports haben. Dazu gehört auch, dass man Athleten eine gute Ausbildung außerhalb des Sports ermöglicht. Weiterhin ist eine offene Kommunikationskultur mit dem Trainer wichtig, um Risikobereitschaft zu senken. Wer nicht sagen darf, dass es ihm schlecht geht, der setzt auch eher seine Gesundheit aufs Spiel. Freunde außerhalb des Sports, eine gute Ausbildung, Offenheit und Transparenz im Verhältnis mit Trainern und Betreuern sowie von allen Seiten aus die Akzeptanz, dass es auch Phasen gibt, in denen es nicht so gut läuft; all das sind Mechanismen, die Sportler auffangen, wenn sie mal stürzen. Das sind vielleicht nur kleine Dinge. Aber ich glaube, diese kleinen Dinge haben auch in Bezug auf Doping einen großen Effekt.

„Was ist schon ein schmerzendes Knie gegen das, was die syrischen Flüchtlinge aus meinem Team erlebt haben."

Johanna Mitscherlich,
Hilfsorganisation Care

YES, WE CAN

Sport ist Community, gibt ein Gruppengefühl und schafft Identität. Aber bitte nicht im klassischen e.V. – Zeit für eine Neuerfindung der Vereinskultur.

Die Wir-Maschinen: Sportler suchen neue Gemeinschaften

Sport als Mustermodell der „freien Bindung": Gemeinschaftserlebnisse sind die moderne Erfolgswährung von Teamsport für eine Gesellschaft auf der Suche nach einem neuen „Wir".

6

Bedürfnis: Identitätsbildung
Sport als Vergemeinschaftung
Modus: aktiv / community-orientiert
Fokus: Community
Effekt: Integration

Stellt man sich bei einer Party einem Fremden vor, geht es im Jahre 2014 oft nur noch sekundär um Beruf, sondern zuerst einmal darum, welche Sportarten man betreibt. Wichtiger als die Frage, ob man einen Doktorgrad hat, ist, in welchem Klettergrad man vorsteigt. Sport wird zu dem Kommunikations- und Konversationsthema schlechthin.

Er löst damit klassische Identifikationsebenen und Selbstdarstellungsweisen früherer Zeiten ab und macht zunehmend einen wesentlichen Teil unserer Persönlichkeit aus. Wenn von Performance die Rede ist, dann nicht im Sinne eines Aktienfonds, sondern in Bezug auf die Steigerung der eigenen sportlichen Leistungen. Und das „Team" sind immer seltener die Arbeitskollegen – außer sie sind identisch mit den Trainingspartnern. Denn ohne die läuft nichts. Sport als Basis von Identitätsbildung lebt von den Mitsportlern und der Gemeinschaft.

Sport ist ein Gemeinschaftsphänomen

Jeder dritte Deutsche gibt an, dass ein Grund für Sport und körperliche Betätigung das Zusammensein mit Freunden ist, weitere 8 Prozent möchten gerne neue Freundschaften über sportliche Aktivität schließen, und 6 Prozent wollen sich darüber in die Gesellschaft integrieren.[1] Wie wichtig eine Gruppe, eine Gemeinschaft ist, zeigt auch eine Umfrage der Coca-Cola Company zu den beliebtesten Trainingspartnern: Zu 54 Prozent sind es die Freunde, zu 32 Prozent der Verein, immerhin 23 Prozent trainieren mit ihrer Familie, aber nur 14 Prozent mit ihrem Partner.

Im Umkehrschluss geben 18 Prozent der erwachsenen Deutschen an, dass sie keinen Sport treiben, weil ihnen ein Trainingspartner fehle.[2] Dass soziale Netzwerke mit Fokus Sportgemeinschaft einen rasanten Zuwachs verzeichnen – wie zu Turnvater Jahns Zeiten die Sportvereine – ist unter dem Fokus Individualisierung, Zeit- und Ortsflexibilität nicht weiter verwunderlich. Denn anders als zunächst vielleicht zu vermuten, führen die Megatrends der Individualisierung und der Konnektivität nicht zu einer Isolation des Sportlers, sondern im Gegenteil zu neuen Gemeinschafts- und Vereinsformen.

Der Wunsch nach Zugehörigkeit und Gemeinsamkeit wird gerade durch diese beiden Phänomene gefördert. Die Ausdifferenzierung der Gesellschaft in eine Hyperkomplexität lässt jede Idee zu, und über die digitalen Kanäle lassen sich für jeden Lebensstil Gleichgesinnte finden.

Gerade die Digital Natives, genauso wie zunehmend auch die Digital Immigrants, leben eine neue Form von Gemeinschaft, die mehr Kommunikation bedeutet und es völlig normal werden lässt, sich in sehr vielen unterschiedlichen Nischen zu bewegen. Sport und Bewegung basiert für viele auf einem Gemeinschaftsbedürfnis – diese Entwicklung ist bezeichnend für unsere Sportgesellschaft. Fand man einst Gemeinschaft auch in anderen Konzepten des Alltags, wird sie heute zunehmend über einen Bewegungsinhalt gekennzeichnet.

Folgende Aspekte sind dabei von Bedeutung:
- Sport ist Identitätsbildung
- Identitätsbildung benötigt Gemeinschaft
- Gemeinschaft heißt kreatives Miteinander
- Kreatives Miteinander bietet Raum für Identifikation mit einer „Szene" oder Gruppe
- Die Sportnischengruppe dient als Abgrenzung zu anderen[3]
- Vereine erfüllen das kreative Miteinander nicht länger
- Die zivilgesellschaftliche Aufgabe der Vereinskultur ist obsolet
- Neue Formen der Vereinskultur bilden sich

Gemeinschaft braucht Personifizierung
Interessant ist dabei der Blick auf die Urform sportlicher Gemeinschaft: den Verein. Der Verein ist nicht tot. 2013 gab es rund 5.000 Sportvereine mehr als 1997. Doch die Zahl der Vereine sagt nichts darüber aus, um welche Vereine es sich handelt. Klassische Sportvereine klagen über Mitgliederschwund. Obwohl auch die Anzahl der Mitglieder in dem Zeitraum um eine Million angewachsen ist.
Abzüglich der Karteileichen und passiven Mitglieder ist zu beobachten, dass eine Vereinsgründungswelle durch Deutschland rollt. „580.000 Vereine sind registriert, siebenmal so viele wie vor 50 Jahren", so Holger Krimmer vom Stifterverband für die Deutsche Wissenschaft. Und es werden immer mehr.[4]

Doch es sind nicht mehr die klassischen Sportvereine, die Zulauf verzeichnen. In vielen Regionen klagen die Sportgemeinschaften über Mitgliederschwund, vor allem beim Nachwuchs. Den schwarzen Peter bekommen die Ganztagsschulen zugeschoben. Doch sie sind nicht alleine dafür verantwortlich, dass viele Vereine heute alles andere als sexy sind, gerade nicht für jene Verbraucher, die sich über ihren Sport identifizieren und daher eine kohärente, komplementäre Gruppe an Gleichgesinnten benötigen.

Vereine als Label
Sportler, die Gemeinschaft suchen und sich darüber identifizieren, brauchen ein wenig Glamour. Das fordert den Breitensport und Vereine zu einer Neupositionierung auf. Erfolgreiche Verbände wie der Deutsche Alpenverein (DAV) haben dieses Bedürfnis erkannt und sprechen es geschickt an.

Ein Drittel geht zum e.V.
Beliebteste Trainingspartner beim Sport im Alltag in Deutschland im Jahr 2013
(Anteil der Befragten in Prozent)

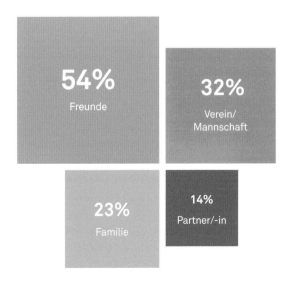

54% Freunde
32% Verein/Mannschaft
23% Familie
14% Partner/-in

Quelle: The Coca-Cola Company, 2013

Ob Yoga, Flashmob oder Critical Mass: Sportlich-kreatives Miteinander findet zunehmend jenseits gängiger Vereinsstrukturen statt

Der DAV hat sich von einem Verband zu einer Dachmarke gewandelt, unter der sich eine Vielzahl an Sektionen zur eigenen Projektion finden. Es gibt Sektionen wie den Gay Outdoorclub München, genauso wie akademische Sektionen. Innerhalb der Sektionen wiederum finden sich eine Vielzahl von Gruppen, die von Umweltschutz bis Integration die unterschiedlichsten Facetten abdecken.

Zudem gibt es die Bergsteigerschule des DAV, den Summit Club, der weltweit größte Spezialreiseanbieter für Berg- und Kulturerlebnisse. Mitglieder wie Nicht-Mitglieder können am DAV partizipieren, bei den Reisen, den Kursen oder in den Sportstätten. Es hat etwas Unverbindliches. Und gerade das ist vermutlich das Erfolgsrezept des Verbands, der 2013 sein millionstes Mitglied aufnahm. Seit Jahren steigen die Mitgliederzahlen rasant an, eben weil der Verband sich anders definiert, als „nur ein Verein" zu sein. Mustergültig wie im Handbuch der Markenführung ist es gelungen, dem Identitätssportler nicht nur Teilhabe an einer Gruppe oder Sektion anzubieten, nicht nur die Durchführung einer Aktivität, sondern ein Etikett, das etwas über ihn aussagt.

Kommerzialisierung der Sportgemeinschaft

Verschiedene soziokulturelle Phänomene und die daraus entstehenden Bedürfnisstrukturen verändern die Ansprüche an Sportgemeinschaften. Menschen im fortschreitenden 21. Jahrhundert möchten eine Gemeinschaft, die sie nicht verpflichtet, aber gleichzeitig ein Ort ist, an dem Originalität und Produktivität jederzeit miteinander gelebt werden können. Diese Anforderungen können klassische, althergebrachte Vereinskonzepte, die ein zuverlässiges, freiwilliges Engagement voraussetzen und durch Vereinsordnungen und Strukturen sehr behäbig sind, nicht erfüllen. Die Folge ist eine Kommerzialisierung, wie sie die Soziologen um Professor Sebastian Braun vom Institut für Sozialwissenschaften der Humboldt-Universität Berlin erforschen.[5]

Vereine bekommen Konkurrenz durch privatwirtschaftlich finanzierte Sportstätten, die von Fitness über Klettern bis Nischensport alles abdecken und dem Verbraucher ein Gefühl von Freiraum und Selbstbestimmung geben. Angebote werden hier nicht über Ehrenamt, sondern über Arbeitsverträge gesichert. Gleichzeitig kommerzialisieren aber auch die Vereine, wenn sie in Deutschland unter dem Dach des Deutschen Olympischen Sportbundes (DOSB) mit Unternehmen wie Coca-Cola Kooperationen wie die Mission Olympic (www.mission-olympic.de) eingehen.

Die Wissenschaftler um Sebastian Braun untersuchen insbesondere auch, wie sich unternehmerisches Bürgerengagement entwickelt, sprich: Corporate Citizenship im Sport. Zu beobachten ist, dass es nicht mehr um einen rein philanthropischen Ansatz geht, sondern zunehmend eine Win-Win-Situation angestrebt wird, von der Gesellschaft wie auch Wirtschaft profitieren. Während die kleinen Sportvereine händeringend private Sponsoren suchen, rennt die Wirtschaft offene Türen ein. Speed4 (www.speed4.de) veranstaltet in den Schulen Geschicklichkeitswettbewerbe, bei denen die Kinder einen Parcours im Slalom laufen müssen. Fotozellen messen Reaktion, Antritt, Wendigkeit und das Tempo. Pro Lauf erhält das Kind seine Ergebnisse auf einem Bon ausgedruckt – zusammen mit einem Logo eines der Werbepartner. Wer genügend gleiche Logos hat, erhält ein Werbegeschenk des Partners.

Langer Anstieg, kein Ende in Sicht

Mitgliederzahl des Deutschen Alpenvereins von 2002 bis 2013

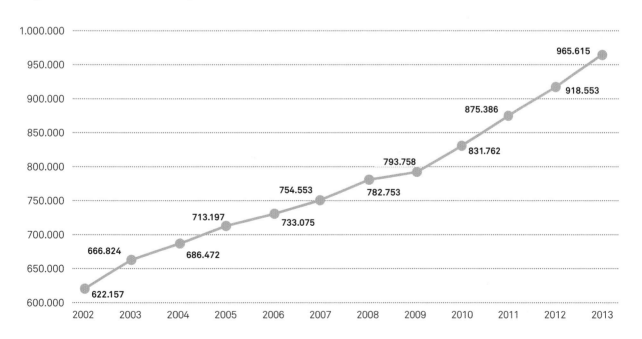

Quelle: Deutscher Alpenverein, 2013

Das Finale der „Speed4 Schulmeisterschaften", zu dem alle teilnehmenden Kinder samt Familien eingeladen werden, findet dann nicht mehr in der Schule statt, sondern in den Räumlichkeiten eines Sponsors – etwa im Autohaus, im Baumarkt usw. Speed4 steht dafür aus moralischer Perspektive heftig in der Kritik,[6] die Kinder sind jedoch begeistert, die Schulen öffnen sich der Idee in Deutschland, Österreich, der Schweiz und sogar in Polen, Griechenland und Australien. 500.000 Kinder liefen laut Veranstalter Speed4 im Jahr 2013 bei den sogenannten Schulmeisterschaften in Deutschland mit, insgesamt gab es 450 Finalveranstaltungen. Auch Initiativen wie „kinder+SPORT" oder „SPORT FINDER DAY powered by Nutella" preschen in den Schulsport-Eventbereich und schaffen Alternativen zu den doch recht angestaubten Bundesjugendspielen. Basketball, Kanufahren oder Mädchen-Fußball sind wesentlich attraktiver als Leichtathletik, Turnen oder Schwimmen.

Verantwortung von Sport-Communitys

Fraglich ist sicher, ob ein Süßwarenhersteller sich im Feld der Ernährungs- und Bewegungskompetenz authentisch positionieren kann. Hier stellt sich die Frage nach sozialer Verantwortung, und es liegt nahe, sie eher im Vereinskontext gewahrt zu sehen. Doch eine im Oktober 2013 erschienene Untersuchung der Sportwissenschaftler Erin Gerlach und Wolf-Dietrich Brettschneider, „Aufwachsen mit Sport", hat ergeben, dass gerade der Vereinssport Kinder und Jugendliche nicht vor Übergewicht oder Alkoholkonsum schützt. Über zehn Jahre haben die Wissenschaftler dieselben 1.637 Kinder befragt. Die Ergebnisse sind vernichtend: Sportvereine haben keinen positiven Einfluss auf die psychische Gesundheit oder die Persönlichkeitsentwicklung, selbst bei einer zehnjährigen Vereinsmitgliedschaft nicht. Ganz im Gegenteil: „Wir haben festgestellt, dass Kinder, die in den Verein kommen und länger bleiben, dort den Umgang mit Alkohol im negativen Sinne lernen", so Brettschneider. „Und dieser wird dort sogar stabilisiert. Diejenigen, die aus dem Sportverein aussteigen, konsumieren anschließend wieder deutlich weniger Alkohol."[7]

In der Studie von Gerlach und Brettschneider heißt es: „Der Sportverein spielt in der Prävention von Übergewicht und Adipositas augenscheinlich keine Rolle. Bewegungsmangel, Übergewicht und Adipositas als Folgen einer ungünstigen Energiebilanz sind vor allem eine Sache der sozialen Herkunft. Erfolgreiche Präventions- und Interventionsmaßnahmen sind – trotz der Hoffnungen auf Seiten der Vereine – außerhalb ihres Zuständigkeitsbereichs zu verorten.

Auch mit Blick auf das jugendliche Risikoverhalten sind Sportvereine nicht als protektive oder präventive Zonen zu bewerten. Lediglich im Bereich des Zigarettenkonsums haben Heranwachsende, die im Verein sind oder erst in den Verein kommen, niedrigere Konsumraten als ihre Gleichaltrigen. Offenbar lässt sich im Lebensentwurf der Heranwachsenden ein sportlich aktiver und gesunder Lebensstil nicht mit Nikotinkonsum vereinen. Genau andersherum verhält es sich beim Alkoholkonsum. Die bereits in anderen Jugendstudien ermittelten Befunde lassen sich auch hier bestätigen und in ihrer Aussage noch erweitern.

Der Verein bewahrt sein problematisches Image eines ‚Feuchtbiotops' und erweist sich als Ort, in dem der Alkoholkonsum – bewusst oder unbewusst – eine Förderung erfährt. Trotz der – immer wieder biografisch verklärten – lächelnden Mimik der Vereins- und Verbandsvertreter bei diesem Thema ist dieser nun inzwischen vielfach belegte Befund vom organisierten Sport endlich angemessen wahrzunehmen. Die bisherigen halbherzigen Maßnahmen zur Abhilfe sollten durch geeignetere Programme ersetzt werden."[8]

Die „dritte Halbzeit", nicht unbedingt im Sinne von Hooligan-Ausschreitungen, sondern jene mit Bier nach dem Sport, ist eins der tragenden Elemente der Vereinskultur und zeigt, wie sehr der Unterhaltungs- und Gemeinschaftswunsch demjenigen nach Sport, Bewegung und Gesundheit gegenübersteht. Im Gegensatz zur Schweiz, wo Aktionen wie „Cool and Clean" den aktiven wie passiven Alkoholkonsum bei sportlichen Aktivitäten, an denen Kinder und Jugendliche beteiligt sind, verbieten, womit der generelle Alkoholkonsum bei Minderjährigen deutlich gesenkt werden konnte, sieht die Deutsche Sportjugend keinen Handlungsbedarf. Eine vergleichbare Kampagne mit einem Verbot ist nicht denkbar, stattdessen wird auf verantwortungsbewusste Rolemodels gesetzt: „[Mit einem Verbot] erreicht man genau das Gegenteil. Man muss bei den Jugendlichen das Bewusstsein schärfen, wie sie mit Alkohol umzugehen haben und wie eben nicht. Das sind Aufgaben

Privatwirtschaft bietet Selbstbestimmung bei gleichzeitiger
Gemeinschaft und Miteinander

Foto: CARE/Wolfgang Gressmann

Sport und Zivilgesellschaft: Neue Teamformationen sind Protestkultur, ihr Sport ist Öffentlichkeitsarbeit

für Vereine, Übungsleiter und Trainer", so Rolf-Ingo Weiss, Vorsitzender der Deutschen Sportjugend und Vorstandsmitglied im Deutschen Olympischen Sportbund (DOSB), im Gespräch mit Spiegel Online.[9]

Neue Formen von Vereinen

Der Wunsch der modernen Sporttreibenden, die sich eine Gemeinschaft wünschen, die ihnen Platz zur Identifikation, Identitätsbildung und Etikettierung gibt, wird im eingetragenen Verein nur bedingt erfüllt. Privatwirtschaftliche Konzepte ermöglichen es dagegen, unkomplizierter, ohne Zwänge, Traditionen, Regeln und Enge miteinander Sport zu treiben. Sport-Start-ups fördern den kreativen Freigeist und haben Platz für Pippi-Langstrumpf-Sportler, die herkömmliche Bewegungsformen neu interpretieren.

Unternehmen wie Runtastic, das Ende 2013 von der Axel Springer AG aufgekauft wurde, setzen auf die Mischung von Individualsport, Tracking und sozialem Support durch eine riesige Internet-Community. 60 Millionen Downloads der Apps und 25 Millionen registrierte User kann das Unternehmen vorweisen. Ob Joggen, Walken, Radfahren, Wintersport oder Fitness – für alles ist Runtastic da, und für all diese Sportarten gilt der Slogan: „Training kann so einfach sein!

Verbessere Deine Fitness. Lass Dich motivieren!" Runkeeper oder Fitocracy sind ähnliche Netzwerke, die auf einer Internet-Community basieren. *runtastic.com*

Wer auf das Tracking verzichten mag oder eine seltenere Nischensportart bevorzugt, wird zum Beispiel bei Facebook fündig. Hier gibt es einen Fundus an Gruppen, die ohne Vereinsstrukturen gemeinsames Sporttreiben ermöglichen. Die Gemeinsamkeiten können unterschiedlich sein, manchmal ist es der Ort (Tanzpartnerbörse Wien, Laufpartner gesucht in...), dann wieder der Sport (Freerunners oder Wingsuit Anonymous) oder aber eine andere Gemeinsamkeit (Canterbury Christ Church Snowboard Society oder Vegane Sportgruppe Frankfurt). Zugrunde liegt der Wunsch, sich über den Sport innerhalb einer Community, aber auch nach außen hin zu definieren. *facebook.com*

Spontacts ermöglicht es, Sportaktivitäten mit Freunden und Unbekannten in kürzester Zeit zu organisieren. Einfach eine Aktivitätsidee einstellen und auf Mitmacher warten. Die Events sind kreativ und speziell (Nichtraucher-Bergwanderung: Kleiner & Großer Traithen), normal und regelmäßig (Hallenfußball Freitag) oder auch ein Aufruf für Quasi-Mitgliedschaften (AROO! Spartan Race (Sprint) München. Weitere Team-Mitglieder gesucht).

spontacts.com

Prinzipiell lässt sich die Resonanz für neue Sportideen auf sozialen Plattformen ideal austesten. Teilnehmer gehen geringe bis keine Risiken ein, können spontan zu- wie auch absagen. Die Organisatoren haben ebenfalls nur ein bedingtes Risiko – u.U. die Kosten für einen gebuchten Platz oder bei Nichtstattfinden des Events das Feedback, dass ihre Art von Sport keine Community findet. Doch von „Zombielauf" bis „Schweinehund-Günther-Bezwingen" gibt es überall Menschen, die sich mit dieser Sportlergruppe identifizieren können oder wollen.

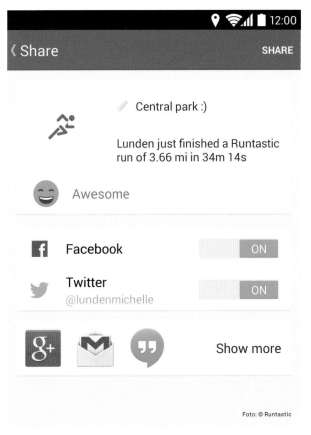

Foto: © Runtastic

„App-Laus" durch die Community: Runtastic kombiniert Tracking und Sharing

Organisierte Subkultur: Wilde Ligen

Die stellvertretend erwähnten Unternehmen Runtastic, Spontacts oder Facebook für die Vielzahl an sozialen Netzwerken, auf denen sich Sport-Communitys finden lassen, bauen auf absolute Unverbindlichkeit und eine niedrige Professionalisierung der Gruppen. Verbindungen wie die Wilden oder Bunten Ligen weisen dagegen schon einen höheren Organisationgrad auf. Die Fußballklubs stellen eine Alternative zum Deutschen Fußballverband und organisieren Spiele und Turniere außerhalb des Verbands. Die Namen der Vereine sind stellvertretend für die Einstellung, mit der der Sport betrieben wird. In der Bunten Liga Köln spielen die Grüngürtel Guerillas, in der Wilden Liga Bremen Vibrator Moskovskaya und in der Kirchenliga Don Bosco Berlin. Alternative Verbände haben in Deutschland eine lange Tradition, die mit dem Nationalsozialismus unterbrochen wurde und in einer monopolistischen Verbandsstruktur mündete. Anders als etwa in Österreich, wo unterschiedliche Verbände gleichwertig existieren.

Zusammenschlüsse jenseits vom Verein

Dem klassischen Verein wird gerne seine Nichtkommerzialität und Gemeinnützigkeit zugute gehalten. Es zeigt sich jedoch, dass sich zunehmend Sportgemeinschaften bilden, die speziell diese Grundideale noch verstärken, etwa wenn sie sich zusammenschließen, um für einen guten Zweck zu laufen. Diese neue Teambildung setzt auf Extreme, denn je ambitionierter das Vorhaben, desto größer das mediale Interesse und damit die öffentliche Resonanz. Im Gegensatz zu Mannschaften jenseits der Vereinsstrukturen, die ganz klassisch an herkömmlichen Sportevents teilnehmen, gehen die Teams an ihre körperlichen Grenzen.

Johanna Mitscherlich von der Hilfsorganisation Care nahm zwei Tage vor dem dritten Jahrestag des Beginns der Syrien-Krise an einem 242 Kilometer langen Marathon vom Toten zum Roten Meer teil, dem Dead to Red (www.dead2red.com). Zehn Läufer waren mit ihr unterwegs, um auf die Situation in Syrien aufmerksam zu machen. Der Dead-to-Red-Lauf muss innerhalb von 24 Stunden geschafft werden, die Strecke ist leicht ansteigend und verläuft überall im Sand. Die Bedingungen sind hart, doch der Teamgeist

Hoher Bewegungsindex bei Spontacts: Erst im April 2014 hat Erlebnisexperte
Jochen Schweizerdie Mehrheit an dem Unternehmen übernommen

und das Ziel sprechen aus der 1985 geborenen Mitscherlich heraus, wenn sie im Interview mit Spiegel
Online sagt: „Was ist schon ein schmerzendes Knie
gegen das, was die syrischen Flüchtlinge aus meinem
Team erlebt haben.“[10]
www.care.de

**Auch die folgende Idee dreier Freunde basiert auf
dem Ansatz,** gemeinsam beim Sport etwas Gutes zu

tun. Guy Hacking, Tom Stancliffe und Rob Martineau
liefen 39 Marathons in 33 Tagen durch Osteuropa –
ohne Begleitwagen, Essen, medizinische Versorgung
oder anderen Komfort. Das medial stark begleitete
Event erzielte rund 200.000 Pfund Spendengelder, die
Opfern von Menschenhandel zugute kamen. Unterwegs schlossen sich Hunderte von Läufern an und
begleiteten die drei Briten auf einzelnen Abschnitten.
www.runforlove1000.com

TRENDPROGNOSE

>> **Sport zur Identitätsbildung:** Zunehmend definieren Menschen sich über Sportart, Team und Trainingsintensität statt Beruf, Familie oder Herkunft. Das braucht Identifikation mit der eigenen (Nischen-) Sportgemeinschaft als Abgrenzung gegen andere.

>> **Neue Vereinsmodelle:** Klassische Vereine erfüllen das Grundbedürfnis nach Identitätsbildung oft nicht mehr: zu statisch, zu unflexibel, zu wenig kreativer Spielraum. Vor allem in sozialen Netzwerken bilden sich neue Vereinskulturen – authentisch, flexibel, teamorientiert.

>> **Attraktor kreatives Miteinander:** Sportgemeinschaften der Zukunft basieren auf maximaler Freiheit. Es muss Platz sein, Regeln selbst zu definieren, Sportarten für sich passend zu machen, Orte und Zeiten über den Haufen zu werfen.

>> **Neue Gemeinnützigkeit:** Sport, Team, Identität und Ideale – moderne Sportgemeinschaften basieren auf einer Win-Win-Situation für den Einzelnen. Kreatives Miteinander, Selbstbestimmung und Identitätsideen der Einzelnen haben häufig einen sozialen Aspekt. Das verhindert „unerwünschte" Kommerzialisierung durch Markenartikler.

Und nach dem Spiel ein Bier? Heranwachsende in Sportvereinen kommen früher mit Alkohol in Kontakt als Gleichaltrige und trinken auch mehr

„Sportvereine sollten sich auf ihr Kerngeschäft konzentrieren"

Professor Dr. Erin Gerlach ist seit 2013 Professor für Sportdidaktik im Bereich Bildungswissenschaften an der Universität Potsdam. Bis zu seiner Emeritierung 2008 war Professor Dr. Wolf-Dietrich Brettschneider Professor für Sportpädagogik an der Universität Paderborn im Department Sport und Gesundheit.

Herr Prof. Dr. Brettschneider, Herr Prof. Dr. Gerlach, Sportvereine haben in unserer Gesellschaft ein positives Image.

Prof. Dr. Brettschneider: *Sportvereine erfahren mit Recht eine ausgesprochen hohe Wertschätzung in allen Altersgruppen unserer Gesellschaft. Sie tragen zum individuellen Wohlbefinden ebenso bei wie zum Gemeinwohl. Vor allem aber werden die gut 90.000 Sportvereine in Deutschland ihrer zentralen Aufgabe, nämlich der kompetenten Vermittlung von Sport in all seinen Facetten – vom Leistungssport bis hin zu breitensportlichen Aktivitäten –, in vollem Umfang gerecht.*

Sie zeigen in Ihrer Studie auch ein anderes Bild.

Prof. Dr. Gerlach: *Ihr positives Image bekommt dann Kratzer, wenn die Sportvereine an Ansprüchen und Leistungen gemessen werden, die ihnen von den Dachverbänden und der Sportpolitik aus unterschiedlichen Gründen zugewiesen werden.*

Wenn der Sportverein also einem übergeordneten Zweck dienen soll?

Prof. Dr. Gerlach: *Genau! Wenn der Sport instrumentalisiert werden soll, etwa als Motor für die*

D ie beiden Sportwissenschaftler, der emeritierte Paderborner Professor Dr. Wolf-Dietrich Brettschneider und Professor Dr. Erin Gerlach von der Universität Potsdam, haben mit ihrer Langzeitstudie „Aufwachsen mit Sport" 2013 für Aufsehen gesorgt. Über einen Zeitraum von zehn Jahren wurden dieselben 1637 Kinder und Jugendlichen zu ihrem sportlichen Engagement befragt. Im Fokus stand dabei die Frage, welche Auswirkungen eine Mitgliedschaft in einem Sportverein für Heranwachsende hat.

Integration von Migranten, als Prävention vor Sucht und Drogen oder als Schutzimpfung gegen Gewalt, Fremdenfeindlichkeit oder Homophobie, gerät das Bild scheinbar in Schieflage.

Scheinbar?

Prof. Dr. Brettschneider: *Übungsleiter und Trainer sind Experten, wenn es darum geht, Kinder, Erwachsene und ältere Menschen zum Sport anzuleiten und ihnen dabei Spaß und Freude zu vermitteln. Den Menschen wird durch diese Organisationsform ermöglicht, an einem faszinierenden Kulturgut teilhaben zu können. Defizite und Mängel zu heilen, an denen unsere Gesellschaft leidet, ist ihre Aufgabe jedoch nicht.*

Können Sportvereine sogar diese Defizite und Mängel verstärken?

Prof. Dr. Gerlach: *Was die Beziehung zwischen Sportverein und Alkoholkonsum angeht, sind die Befunde eindeutig: Vereinssportler beginnen eher und trinken mehr als Vereinsdistanzierte; beim Eintritt in den Sportverein steigt die Konsumrate, beim Austritt sinkt sie auch wieder. Alkohol erfährt eine zu hohe Akzeptanz im Sportverein und seinem Umfeld.*

Der Kasten Bier nach dem Spiel ist also das Problem?

Prof. Dr. Brettschneider: *In unserer Gesellschaft herrscht generell eine Tendenz zur Verniedlichung des Problems. Es geht nicht darum, Heranwachsende zur Alkoholabstinenz zu erziehen, sondern zu einem verantwortungsvollen Umgang mit Alkohol.*

Wird man, zugespitzt formuliert, durch den Sportverein zum fettleibigen Säufer?

Prof. Dr. Brettschneider: *In Zeiten der „XXL-Epidemie" und alarmierender Raten an übergewichtigen und adipösen Menschen ist jedes sportliche Engagement, das für eine angemessene Energiebilanz sorgt, zu begrüßen. Allerdings können drei bis vier wöchentliche Stunden Sport im Verein die drei bis vier Stunden tägliche Screentime, auf die etwa Heranwachsende kommen, das ungesunde*

Ernährungsverhalten und auch die mangelnde körperliche Aktivität im Alltag nicht vollständig kompensieren.

Ist Engagement im Sportverein also sinnlos?

Prof. Dr. Gerlach : *Wenn man weiß, wie schwierig das Geschäft mit der Regulierung des Körpergewichts ist, dann sind selbst die kleinen Effekte, die das Sportengagement erzielen kann, herauszustellen. Genau umgekehrt zu unseren Ergebnissen bezüglich des Alkoholkonsums sind die Befunde zum Nikotinkonsum. Hier erweist sich der Sportverein als eine weitgehend „rauchfreie Zone".*

Was raten Sie hier den Vereinen in Deutschland?

Prof. Dr. Brettschneider: *Zunächst sollen sich Sportvereine auf ihr Kerngeschäft konzentrieren. Sie sollen allen Interessierten, vor allem aber Kindern und Jugendlichen, Freude am Sport vermitteln, ihre sportliche Leistungsfähigkeit verbessern und sie möglichst lange an den Sport binden. Auf diese Weise bieten sie für viele Jugendliche einen spannenden Erfahrungsraum und leisten zusätzlich einen wichtigen Beitrag zur körperlichen Entwicklung.*

Wie könnte die Zukunft der Sportvereine aussehen?

Prof. Dr. Gerlach: *Sportvereine müssen sich den veränderten bildungspolitischen Rahmenbedingungen stellen. Innerhalb von nur einem einzigen Jahrzehnt wurden die Rahmenbedingungen in unserem Bildungssystem radikal verändert, mit achtjährigem Gymnasium „G8", Ganztagsschulen und vorschulischen Bildungsangeboten. Die Sportvereine müssen sich als kompetenter Partner in diese kommunalen Bildungslandschaften einpassen. Einige werden das mit professionalisierten Strukturen schaffen, andere werden dies nicht leisten können.*

Könnten künftig lose Verbindungen die klassische Vereinsstruktur ablösen?

Prof. Dr. Brettschneider: *Schon seit etwa drei Jahrzehnten sagen Zukunftsforscher den Sportvereinen den baldigen Exitus voraus. Fakt ist: Sportvereine* sind nach wie vor äußerst lebendig. So ist inzwischen auch ein Deckeneffekt eingetreten; einige der traditionellen Sportarten verzeichnen eine rückläufige Tendenz; neue Sportarten kommen hinzu.

Wann beginnen Vereine dann, Mitglieder zu verlieren?

Prof. Dr. Gerlach: *Mit Ende der Schulzeit und Beginn der beruflichen Laufbahn kommt es zu einem Nachlassen sportlicher Aktivitäten. Aber nicht, weil Sport uninteressant geworden ist, sondern weil vor allem andere Anforderungen größer werden und andere Lebensbereiche an Bedeutung gewinnen.*

Was heißt das konkret für die Sportvereine?

Prof. Dr. Gerlach: *Manche Vereine werden sich wohl mit „Nischenangeboten" und weniger Mitgliedern zufriedengeben müssen. Insgesamt wird es wohl zu einer Vereinskultur kommen, die sich zunehmend ausdifferenzieren wird.*

Inwiefern ausdifferenzieren?

Prof. Dr. Gerlach: *Durch demographische Veränderungen, sprich weniger Kinder und dafür mehr Kinder mit Migrationshintergrund, kommen große Herausforderungen auf die Sportvereine zu. Es kommt zu Verschiebungen zwischen den Bevölkerungsgruppen: Während der Kinder- und Jugendbereich tendenziell Schwierigkeiten haben wird – und zwar nicht nur wegen des demographischen Wandels –, steigen die Partizipationsraten bei den Frauen und älteren Menschen. Insgesamt haben wir es aber mit einer Stagnation auf nach wie vor hohem Niveau zu tun.*

Kinder, Frauen, Rentner – was könnten Sportvereine tun, um berufstätige Menschen zu binden?

Prof. Dr. Brettschneider : *Dafür müssen die sportlichen Angebotsstrukturen mit den Anforderungen des Alltags kompatibel sein, sie müssen biographisch passen, und die Hürden zum Zugang müssen niedrig sein. Nur dann kann es den Sportvereinen gelingen, zur Balance zwischen dem Bedürfnis nach materiellem Wohlstand und persönlichem Glück und* sozialer Geborgenheit beizutragen. Auch im Sport wird eine Cost-Benefit-Rechnung angestellt. Die Leitfrage lautet: Was bringt mir sportliches Engagement?

Findet sportliches Engagement heute vermehrt ohne Sportverein statt?

Prof. Dr. Gerlach: *Steigerungsraten weisen die konkurrierenden kommerziellen Sportanbieter auf; sie bieten ein attraktives Ambiente und reagieren mit ihrem Angebot flexibel auf gesellschaftliche Entwicklungen und individuelle Bedürfnisse. Wachsender Beliebtheit erfreuen sich die selbst organisierten Sportaktivitäten, wobei die Sehnsucht nach Fun, Fitness, Abenteuer und Risiko eine besonders starke Triebfeder darstellt.*

Also doch ein Ende der Sportvereine?

Prof. Dr. Brettschneider: *Es wäre verfehlt, die unterschiedlichen Formen des Sporttreibens als rivalisierende Alternativen zu sehen. Vielmehr stehen sie im Verhältnis wechselseitiger Anregung. Jede Herausforderung provoziert eine Veränderung. Aus jeder Veränderung entstehen aber auch immer Chancen. Wir sind uns sicher, dass die Sportvereine für diese Herausforderungen aber nicht schlecht gerüstet sind.*

„Wir leben einzig von Sinneseindrücken ...
Jeder hat seine eigenen, sonst
wäre das Leben nutzlos und leer.
Aber um dieses Leben vollkommen auszu-
schöpfen, muss man etwas wagen.“

Emilio Comici,
italienischer Alpinist und Höhlenforscher

GENIALE GRENZERFAHRUNG!

Thrill-Sportler überwinden sich selbst auf der Suche nach einer Gegenerfahrung zur virtualisierten, abstrakten Lebenswelt. Maximales Risiko bedeutet maximale Fokussierung und maximalen Sinn.

All-in-Sport als maximale Lebensfokussierung

Thrill und Ausgesetztheit werden zum Lebens-Konzentrat, Risikosport zum akzeptierten Gegenmodell einer datenversessenen Controlling-Gesellschaft.

⑦

Bedürfnis: Thrill

Sport als Lebenssinn

Modus: aktiv / körper-philosophisch
Fokus: Adrenalin
Effekt: Leben!

Valery Rozov ist kein Mann für halbe Sachen. Am 5. Mai 2013 sprang er vom Mount Everest. Mit seinem speziellen Wingsuit brauchte er für den „Abstieg" von 7.220 Metern Höhe auf knapp 6.000 Meter gerade einmal eine Minute. Für den Mai 2014 hat der Extremsportler Joby Ogwyn angekündigt, sogar vom Gipfel des höchsten Bergs der Welt in die Tiefe zu springen. Stéphane Mifsud hingegen braucht für seine sportliche Grenzerfahrung 11 Minuten und 35 Sekunden. So lange bleibt der Weltrekord-Taucher mit einem einzigen Atemzug unter Wasser.

Aber nicht nur Weltrekordler stehen auf diese Art des sportlichen Ausreizens. Die spektakuläre Performance eines Tricks beim Kitesurfen, der verrückte Kampf durch Matsch, Eistümpel und Feuerwände beim Tough-Guy-Rennen, der höchste jemals durchgeführte Fallschirmsprung: nämlich aus der Stratosphäre – und das Ganze am besten bei laufender Kamera, live gestreamt oder direkt vor Publikum: Diese sportlichen Momente liefern Thrill pur!

Thrill, das ist das eindringliche Gefühl eines außergewöhnlichen und aufregenden Augenblicks im Leben, ein Nervenkitzel, der für immer in Erinnerung bleibt, über extremintensives Körper-Erleben Selbstwirksamkeit und die eigenen physischen und psychischen Grenzen erfahrbar macht.

Thrill ist das Hochgefühl auf sich selbst und als komplexes, rein psychisches Phänomen nicht mit dem hormonell ausgelösten Adrenalin-Kick zu verwechseln. Solche über-intensiven Lebensmomente mit ihrer Körperlichkeit und dem damit verbundenen Spaß stehen aber nicht nur für besondere persönliche (Selbst-) Erfahrung, sondern auch für das, was in der Gesellschaft für Aufmerksamkeit und Anerkennung sorgt – sie strukturieren Lebenshistorie und erzeugen Lebenssinn in einer individualistischen Multigraphie-Gesellschaft.

Wie viele Thriller laufen draußen herum?

Immer mehr Menschen treiben daher Sport für den psychischen Kick. Wirklich zählbar sind diejenigen, die um des Thrills willen sportlich unterwegs sind, dabei

Foto: GoPro/Chris Van Dine

Extremsportler testen beständig ihre eigenen Grenzen aus – und die des Sports

nur schwer; steigende Teilnehmerzahlen in Extrem- und Risikosportarten sind dafür aber ein starkes Indiz:
• Der Berliner Marathon, angefangen als 200-Mann-Veranstaltung, hatte 2013 über 36.000 Teilnehmer – und gilt heute schon kaum mehr als extrem.
• Ebenso verzeichnet der Deutsche Hängegleiterverband (DHV) mittlerweile 36.000 Mitglieder mit einer Lizenz zum Gleitschirmfliegen.
Doch nicht nur deren Nachfolgesportarten Base Jumping und Iron Man erleben einen Zulauf von Menschen auf der Suche nach Nervenkitzel. Auch Sportaktivitäten wie Tough-Guy-Rennen, Kitesurfen und Slacklining, weniger risikobehaftet und weniger extrem belastend, werden aus demselben Grund immer beliebter: Sie sorgen für Erregungsspitzen im selbst-designten Lebensplan.

Allen diesen Sportarten ist gemeinsam, dass sie an Grenzen führen und dabei gleichzeitig einen hohen Action-, Abenteuer- und Fun-Faktor bieten. Großes Erlebnispotenzial ist also gesichert. Dies ist neben der Herausforderung, die die außergewöhnliche Situation stellt, von zentraler Bedeutung. Der quantitative Leistungsgedanke spielt nur eine untergeordnete Rolle – Hauptsache dabei sein und Spaß haben. Das ist der Grund, warum das ausschließlich leistungsorientierte Stabhochspringen, das genauso ein mögliches Thrill-Erlebnis bereithält, nicht dieselbe Popularität erfährt: Absolute Leistung in

Zahlen zählt heute weniger, und danach zu streben wird als weniger sinnvoll empfunden.

Der nächste Kick, die nächste Cross-Innovation
Rauschsüchtige lieben das Neue. Das erklärt auch, warum sich Hypes um Fallschirmspringen, Bungee-Jumping und das heutige Wingsuit Base Jumping so schnell ablösen. Dabei ist die Frage weniger, ob eine Sportart im Mainstream angekommen und zum Massenphänomen mutiert ist, sondern eher, ob sie noch genügend Potenzial für weitere Steigerungen bietet. Für den Einzelnen zählt ja bei der Durchführung vor allem seine psychisch-emotionale Innensicht. Und Grenzerfahrungen leben von einer klassischen Überbietungslogik. „Wenn du alles unter Kontrolle hast, fährst du einfach nicht schnell genug", sagte einst der Formel-1-Weltmeister Mario Andretti.

Das Problem ist aber in einer Zeit der Cross-Innovationen leicht zu beheben. Immer mehr neue, verwandte Sportarten entstehen: Aus dem Fahrradfahren wurde das Mountainbiking abgeleitet, das dann zum Downhill-Racing mutierte. Mittlerweile fährt man allerdings besser Einrad-Downhill, um aufzufallen.
Ein anderer Weg, bestehende Sportarten weiterzuentwickeln, ist, sie zu extremisieren: So etwa das Durchsteuern eines Felsenlochs während eines Wingsuit Base

Jumps, wie es Alexander Polli vorgemacht hat,[1] das Slacklining in luftiger Höhe nicht nur in den Bergen, sondern mittlerweile zwischen zwei Heißluftballons (Highlining) statt knapp über dem Boden[2] oder das Apnoe-Tauchen – Tauchen, nur ohne Ausrüstung. Dies sind zwar nur spektakuläre Einzelaktionen, mit denen die Innovateure unter den Thrill-Suchenden als Individuum auffallen und sich von einer Gruppe von Trendsportlern abheben – sie werden mit ihren Aktionen aber zu Trendsettern für eben diese anderen.

Immer extremer, immer waghalsiger?

Schaut man auf die Entwicklungen im Trend- und Extremsport, stellt sich dieser Eindruck leicht ein. Auch die kontroversen Diskussionen um die Slopestyle-Pisten bei den Olympischen Winterspielen in Sotschi[3] scheinen diese Tendenz zu illustrieren.
Kompensation von Langeweile und Todesnäheerfahrung durch Lebensgefahr – diese Gründe werden häufig als ausschlaggebend für den Kick vermutet. Beide Motive haben das Ziel, im Nervenkitzel das Leben als besonders intensiv und wertvoll zu empfinden.
Sicher kann Lebensgefahr als intensitätssteigernd für das Lebensgefühl empfunden werden. Ausgemachte Risikosportler dementieren solche Aussagen jedoch in der Regel: „Ich habe es nie so gesehen, dass ich mein Leben riskiere", so Alexander Polli.[4] Für sie sind die lebensbedrohlichen Risikosituationen nicht das Ziel, sondern lediglich der Preis für den Nervenkitzel beim Ausreizen einer Grenze. Fast alle wenden sehr viel Energie für die Vorbereitung einer sicheren Durchführung auf.
Im Vordergrund steht das Gefühl, sich einer exklusiven, intensiven Situation auszusetzen und sie zu meistern. Wird diese Situation nicht mehr als exklusiv und herausfordernd genug empfunden, suchen sie die nächste, noch verrücktere Situation, die noch größere Herausforderung, um sich damit ein noch größeres Kontrollgefühl und einen neuen emotionalen Kick zu holen.

Nervenkitzel als Fertigprodukt für die Masse

Ist eine Sportart zum Massenphänomen geworden, heißt das nicht, dass nicht auch hier – wie etwa beim Marathonlauf – Sinnhaftigkeit empfunden wird. Die Masse der Thrill-Sucher in Sportarten mit erhöhtem Risiko zieht weitestgehend abgesicherte Situationen vor. Das „Als-ob"-Gefühl der Lebensgefahr scheint also,

falls sie tatsächlich von Relevanz ist, völlig hinreichend zu sein. Was zählt, ist der Eindruck.

> *Der ehemalige Extremsportler Jochen Schweizer* ist das Vorzeigebeispiel eines innovationsfreudigen Unternehmers, der Sport als Nervenkitzel erfolgreich kommerzialisiert hat: Er ist mit seinem Unternehmen Marktführer in der Erlebnisbranche und hat im Jahr 2013 60 Millionen Euro erwirtschaftet.[5] Neben Aktionen wie dem klassischen Bungee-Jumping bietet er auch solche an, die als besonders individuell empfunden werden: an der Hauswand eines Hochhauses laufen (House Running) oder mal einen echten Ferrari-Rennwagen fahren. Daneben ist er mit mehrtägigen Canyoning-Touren auch im Sektor Abenteuerurlaub unterwegs.[6]
> *www.jochen-schweizer.de*

Jedermanns Thrill als Medienphänomen

Extrem-Erlebnisse dienen als Kristallisationspunkte eines sinnhaft empfundenen Lebens, dem sie damit Struktur und Narration geben. Ein erzählenswertes Sportleben braucht aber ein Publikum, das dies zur Kenntnis nimmt. Was in den offiziellen Medien in spektakulären Bilder immer professioneller in Szene gesetzt wird (man denke nur an den Aufwand des Red-Bull-Sportuniversums), kommt mit Wucht nun auch in den Partizipationsmedien im Internet an. Die Akteure selbst legen konsequenterweise immer mehr Wert auf die öffentliche Aufmerksamkeit und werden, mit den neuen darstellerischen Mitteln von Drohnen- und Helm-Kameras ausgestattet, die Macht und die Masse der Bilder in den kommenden Jahren noch einmal vehement steigern.

Die rasend schnell wachsende Zahl privater Sportvideos auf öffentlichen Videokanälen ist ein Indiz. Hier werden sportliche Aktionen nicht nur dokumentiert, sondern bewusst auf Wirkung hin inszeniert. Thrill-Sport verschmilzt in den kommenden Jahren zunehmend mit Performance-Sport, bei dem sich alles um coole Tricks dreht, die in HD gestreamt werden. Die perfekte Aufnahme eines perfekten Moves – das Filmen selbst ist schon zu einer Art Sport geworden. Technisch besonders gelungene Aufnahmen kursieren im Netz als Vorbild[7], ganze Internetauftritte widmen sich dem

Zwischen Todesmut und präzisen
Vorbereitungen: Thrill-Seeker
planen exakt ihre Stunts

Foto: GoPro/Eric Willet

Foto: © shutterstock/Sergey Orlov

Extreme Freiheit: Zweihundert Meter tief tauchen Freediver ohne Sauerstoffflasche

theoretischen Hintergrund einzelner Aufnahmetechniken, um das perfekte private Action-Video zu drehen.[8] Der Technikmarkt reagiert schon auf den entsprechenden Bedarf: mit einem breiten Angebot an Tracking-Produkten, Action Cams und mit dem Bau von Drohnen für den privaten Hausgebrauch.

„Trace" nennt sich das kleine Gerät, das besonders für Performance-Sportler interessant ist: Es misst nicht nur zurückgelegte Distanzen und Geschwindigkeiten, sondern kann Bewegungen auf kleinstem Raum, darunter auch Sprunghöhen, nachvollziehen und analysieren: Am Skateboard, Snowboard oder Surfboard befestigt, erkennt es anhand der Rotationen sogar einzelne Tricks, und auch, wie genau sie ausgeführt wurden. Die gesamte Performance kann digital nachgezeichnet und natürlich auch mit der Community geshared werden.[9]
www.alpinereplay.com/trace

Helmkameras und am Körper tragbare Kameras gibt es schon seit längerem. Die Technik wird allerdings immer ausgefeilter, und mittlerweile kommt sie auch für den Profi-Teamsport ins Gespräch. Vorreiter GoPro zeigt sich dabei an vorderster Spitze und bietet mittlerweile auch wasserdichte Kameras für Tauchsportler an.[10]
gopro.com

Drohnen, auch Quadrokopter genannt, sind die Zukunft der Sportaufnahmen: Aus der Luft wird die Action aus beliebiger Position filmbar. Eingesetzt

wurden sie auch schon bei den diesjährigen Olympischen Winterspielen in Sotschi. Momentan marktführend sind der dji Phantom, der mit einer GoPro Action-Cam ausgestattet werden kann, und die auf der CES 2014 vorgestellte AR.Drone von Parrot, ganz einfach per Bluetooth mit dem Smartphone steuerbar. Dem Sportler automatisch folgende Drohnen sind in Planung.[11]
ardrone2.parrot.com

Drecksau-Sport: Erkenne deine Nische!

Ansonsten hinken Produktmarkt und Freizeittourismus den Innovationen der individuellen Thrill-Seeker allerdings oft eher noch hinterher. Dabei haben einzelne Unternehmen schon gezeigt, wie man sich beobachtete Tendenzen und Bedürfnisse in der Gesellschaft zunutze macht: Hersteller haben mit ihrem Produkt einen Markt kreiert und damit ein Bedürfnis geschaffen, bevor es sich bei der Zielgruppe eingestellt hat:

Die Firma Playlife hatte mit ihren Cross-Skates eine abgewandelte Form von Inline-Skates entwickelt, mit denen man auch offroad fahren kann.[12] Durch einen Analogschluss vom Fahrradfahren zum Mountainbiken ist sie damit einem vermuteten Bedürfnis zuvorgekommen.
www.playlife-sport.com

Das Unternehmen Speedminton GmbH wurde eigens gegründet, um Produkte für eine neue Spielform von Badminton herzustellen: Speedminton – das theoretisch auch mit der normalen Badminton-Ausrüstung funktioniert – ist wie Badminton ohne Netz und Feld und kann daher überall gespielt werden. Als Zubehör zu einer ganz neuen Sportart hat die Firma ihre Produkte – schwerere Schläger und Bälle – geschickt verkauft.[13]
www.speedminton.de

Fitness-Bootcamps im Military Style – hier wurde eine Marktlücke entdeckt, die wohl auf die Beobachtung der Popularität von Rennen wie Tough Guy zurückgeht: Drecksau-Sport – nicht nur was das Trainingsprogramm, sondern auch den Umgangston des Trainers angeht –, hier als Fitness-Programm verkauft.[14]
www.fitnessbootcamp.de

Red-Bullisierung des Thrills

Unternehmen wie Red Bull dagegen haben sich darauf spezialisiert, Nervenkitzel im großen Rahmen öffentlich in Szene zu setzen: Sie fördern speziell solche Sportler, die besonders außergewöhnliche Action durchführen. So zuletzt Felix Baumgartner mit seinem spektakulären Stratosphärensprung, der im Livestream, Live-Ticker und in allen sonstigen medialen Kanälen zu verfolgen war. Darüber hinaus veranstalten sie ganze Events, die actionreiche Trendsportarten inszenieren:

In diesem Jahr finden zum ersten Mal die von Red Bull gesponserten Munich Mash statt. Eine Veranstaltung, die als die deutsche Fortsetzung der spektakulären X-Games von ESPN gilt. Geboten werden hier Shows aus den Sportarten Freestyle Motocross, Mountainbike Dirt Jump und BMX Street.[15]
www.munich-mash.com

Mit dem Show-Event „Red Bull Crashed Ice" haben die Veranstalter sogar eine neue Sportart ins Leben gerufen: Mehrere Teilnehmer absolvieren gleichzeitig auf Eishockey-Skates einen Abfahrtsparcours, der mit diversen Hindernissen versehen ist. Dieses Konzept kennt man von Cross-Sportarten wie Ski-Cross, Boarder-Cross oder Four-Cross Mountainbike: Ein Einzel-Abfahrtssport wird umfunktioniert zu einem Gruppenevent, bei dem die Gegner nicht nur gleichzeitig nebeneinander antreten, sondern wo Körperkontakt und gegenseitige Beeinflussung nicht nur erlaubt, sondern erwünscht ist. Auf der Rennstrecke sind Rampen, sehr enge Kurven und andere Hindernisse aufgebaut, die den Showeffekt durch Sprungeinlagen, provozierte Zusammenstöße und Unfälle steigern.[16]
www.redbullcrashedice.com

Mit solchen Events bedient Red Bull das Bedürfnis nach spektakulärer Unterhaltung. Viel wichtiger aber: Sie schaffen ein Berufsfeld für professionelle Thrill-Seeker, einen ökonomischen Kontext für das Kondensat von Leben an sich. Als mediale Botschaft vermitteln sie: Sportliche Aktivitäten dieser Art sind sinnvoll und erstrebenswert.
Zusammen mit dem zunehmenden Interesse von klassischen Medien sowie dank Online-Plattformen

wie adrex,[17] die sich auf Nachrichten über die neuesten Extremaktionen spezialisiert haben, normalisiert sich die Idee, solche Situationen absichtlich und bewusst aufzusuchen. Ob ein Felix Baumgartner seinen Stratosphärensprung durchgeführt hätte, ohne das Ganze zu filmen und über die medialen Kanäle öffentlich zu machen, oder ob die erste Fahrt mit einem Fahrrad zum Südpol[18] ohne Wissen um mediale Aufmerksamkeit unternommen worden wäre, ist fraglich.

Individuelle Sinnsuche, sozial gesteuert

Öffentliche Aufmerksamkeit und der Showeffekt vor Publikum werden immer wichtiger dafür, bei bestimmten Erlebnissen einen besonderen, quasi doppelten Nervenkitzel zu empfinden. Sie bestätigen und verstärken das Gefühl, etwas essenziell Sinnhaftes zu tun. Wie erklärt sich das?

Suche nach Lebenssinn und Unmittelbarkeit werden zunehmend als latentes Dauerbedürfnis in der Konsequenz von Individualisierung und multigraphischer Lebensführung erlebt. Längst sind ehemals sinnstiftende Institutionen wie Kirche oder Politik überholt,

momentan löst sich gerade die identifikatorische Kraft der Arbeit auf. Sinnhaftigkeit nicht mehr in Dingen außerhalb seiner selbst, sondern in individuellen Ereignissen des eigenen Lebens zu suchen, bekommt dadurch enorme Bedeutung. Je stärker die Eindrücke, desto besser die Selbstverwirklichung. Da aber Eindrücke auch eine Erinnerungskomponente haben, erhält auch die Erzählung und das Bild davon steigendes Gewicht.

Damit bieten sich den Menschen unendlich viele individuelle Möglichkeiten, ihren persönlichen Lebenssinn zu finden – und beliebig zu wechseln. Die Welt der unendlichen Möglichkeiten hat aber auch eine Kehrseite: In einer Masse von Individualisten fällt man paradoxerweise wenig auf. Einen Ausweg, beides zu verbinden, eröffnen nun immer häufiger die Social-Media-Kanäle. Auffallen und sich dadurch seiner selbst vergewissern wird eins: Ständig will man sich mitteilen, Feedback und Bestätigung bekommen. Sinn wird daher vermehrt mit Handlungen assoziiert, die besondere soziale Anerkennung und Aufmerksamkeit bekommen.

Track, share & compare: Erst erfolgt die Visualisierung und dann die Virtualisierung des Erlebnisses

Foto: GoPro

Red-Bullisierung von Sport und Medien: Die Dose ist Nummer eins auf YouTube

Die beliebtesten Marken auf YouTube, basierend auf der Anzahl der Abonnenten des jeweiligen Kanals (Stand: 30.10.2013)

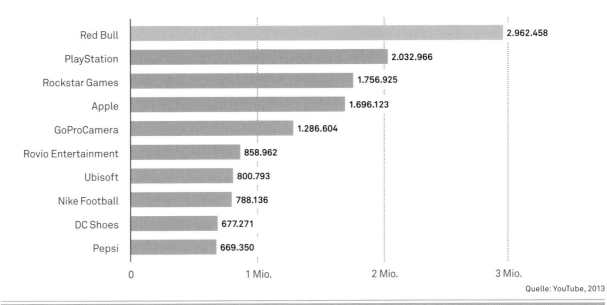

Quelle: YouTube, 2013

Virtualität als Erlebniserweiterung

Facebook-Posts selbst zu den kleinsten Ereignissen im Leben, selfmade YouTube-Videos und sonstiges „track, share and compare" in Community-Foren – diese Aktionen dienen alle dazu, Lebensmomente als wichtig und bedeutend zu erzählen – und zwar vor allem sich selbst. Das virtuelle Reproduzieren dieser Momente macht sie intensiver, ähnlich wie man fotografierte Momente durch die Fotos wiedererleben kann und daher stärker in Erinnerung behält als die nicht festgehaltenen Ereignisse. Im Social-Media-Raum wird dies noch weiter getrieben: Leben wird heute nicht nur generell öffentlicher gemacht (man denke auch an die zahllosen Reality-Formate im Fernsehen), sondern findet heute zusätzlich im virtuellen Raum statt – nicht als alternative Welt, sondern als unmittelbarer Bestandteil des eigenen Lebens.

Warum gerade Sport?

Thrill ist Leben pur, und daher erstrebenswert – das wird zur Prämisse eines erzählenswerten Lebens. Auch Freizeitparks und Computer-Games sind typische Thrill-Lieferanten der Gegenwart. Von einem besonders

hohen oder außergewöhnlichen Ansehen dieser Aktivitäten kann man allerdings kaum sprechen. Beim Sport dagegen schon: Das Image von Sport und Sportlichkeit wird immer stärker positiv aufgeladen, Sport ist Statussymbol, Symbol für einen angesehenen Lebensstil. Sport macht stolz.

Der Körper als Symbolträger spielt dabei eine große Rolle: Da seine primäre Funktion als Arbeitswerkzeug immer weniger in Anspruch genommen wird, ist er seit den 70ern zunehmend zentrales Gestaltungs- und Ausdrucksmittel von Identität, Zugehörigkeit und Werten. Das Meistern von sportlichen Herausforderungen – das symbolisiert heutzutage unmittelbare Kontrolle und Macht über sich und den eigenen Körper und damit über das eigene Leben.

Immer weniger geht es dabei um absolute Leistung, sondern um den (relativen) Erfolg: nämlich, eine Situation souverän im Griff zu haben.

Der Grund: Niemand kann beim Stabhochspringen oder beim 100-Meter-Lauf wirklich sehen, ob ein Athlet gerade eine besonders gute Zeit gelaufen ist oder eine besondere Höhe gemeistert hat; das kann man

Foto: GoPro

Was Dr. Watson für Sherlock Holmes ist, ist die GoPro für den Extremsportler: Steter Begleiter und Chronist der Neuzeithelden

nur durch die Zahlen erfahren. Das Meistern einer extremen Situation, einer ausgefeilten artistischen Bewegung – beides um seiner selbst willen und nicht der Zahlen wegen – ist für den showinteressierten Zuschauer dagegen offensichtlich und daher attraktiver. Im medialen Zeitalter bekommen Sportler Aufmerksamkeit und soziale Anerkennung nicht mehr durch Zählbares, sondern durch Sichtbares.

Die Kraft der Unmittelbarkeit

Sport ist im Vergleich zur Arbeits- und Lebenswelt des 21. Jahrhunderts eine Anderwelt: In einer komplexen Welt, in der viele Abläufe indirekt, virtuell, Effekte unüberschaubar und Reaktionen zumeist unbeeinflussbar sind, bietet Sport einen Ausgleich, der weit über einen rein physischen hinausgeht: Im Sport wirkt das eigene Tun unmittelbar auf die Situation.

Der Herausforderung setzt man sich freiwillig aus, sie ist selbstgewählt. Die Wirkungswege sind in der (Inter-) Aktion mit dem eigenen Körper kurz und unmittelbar. Der Körper steht als eine stabile und immer greifbare Entität direkt zur Verfügung. Auch sind die Karten im Spiel um soziale Anerkennung für Sportaktivitäten neu verteilt: In einer vergeistigten Arbeitswelt weitgehend vernachlässigte Eigenschaften, nämlich körperliche Voraussetzungen und Fähigkeiten, werden hier wieder

relevant. Darüber hinaus ist die sportliche Situation nicht komplex, sondern einfach: Die gesamte Aufmerksamkeit und Konzentration liegt auf der einen Handlung und auf dem intensiven Gespür für den eigenen Körper. Dies ist essenziell für das Thrill-Erlebnis: Die auf das Wesentliche, auf das Ich und seinen Körper reduzierte Situation. Ihre Einfachheit und Geschlossenheit und die direkte Körperlichkeit erklären, warum gerade hier ein Konzentrat von Leben und Lebendigkeit gesucht und Lebenssinn empfunden wird.

Spektakulära

Sport für den psychischen Kick – die Vereinnahmung von Sport zu diesem Zweck verändert den Begriff und das Verständnis von Sport: Es geht nicht mehr um Leistung, Wettkampf und absolute Zahlen. Worum es geht, ist Abenteuer, Spektakularität, Spaß, Vergnügen, Ästhetik und Show. Relevant ist es, eine knifflige Aktion erfolgreich durchzuführen und Nervenkitzel zu genießen. Das heißt nicht, dass diese Sportler weniger ambitioniert sind. Auch sie nehmen für die Perfektionierung eines Tricks oder Sprungs viele Übungsstunden in Kauf, auch sie trainieren hart und bereiten sich vor, um etwa beim berüchtigten Jungle Marathon in Brasilien mitlaufen zu können. Thrill-Seeker wählen im Gegensatz zu den Ad-hoc-Sportlern (s. Kapitel 3) ihre Tätigkeit in der Regel nicht zufällig aus, sondern planen ihre Aktion. Nervenkitzel kann allerdings auch bei solchen Aktivitäten erlebt werden, die keine entsprechende Vorarbeit benötigen: Das infrastrukturell mittlerweile gut organisierte Bungee-Jumping etwa braucht keinerlei Vorübung, ist direkt zugänglich und birgt dennoch dasselbe Potenzial für einen emotionalen Kick – zumindest dem Einsteiger.

Institutioneller Sport, Gruppen- und Teamsport mit festen Vorgaben und Regeln sind für Flow-Süchtige eher uninteressant. Für sie wird alles zum Sport, was ihnen momentanen Nervenkitzel verschafft. Sport wird damit als Begriff universell. Nicht nur für alles, was mit Bewegung und physischer Belastung zu tun hat – Sport definiert sich auch zunehmend lediglich über die psychische Körpererfahrung, über das Gefühl von Nervenkitzel.

TRENDPROGNOSE

>> **Innovationstrieb der Fokussisten** – den Action-Süchtigen ein Produkt anbieten, bevor sie selbst auf die Idee kommen, ist eine große Herausforderung. Aber: Trends werden durch die vielen Social-Media-Aktivitäten besser beobachtbar.

>> **Inszenierungen** werden immer wichtiger. Nicht nur die Weiterentwicklung von audiovisueller Technik, sondern auch deren Symbiose mit Wearables, um ganze Aktionen digital nachzuzeichnen, ist die Zukunft.

>> **Bestätigung durch Zuschauer** sorgt ebenfalls für Nervenkitzel. Hier eröffnet sich ein riesiger Markt für Events und Aktionen, vom (Semi-)Professionellen bis zum Laien. Solche Shows ziehen die Zuschauer an, die klassischen Sportveranstaltungen verloren gehen.

>> **Thrill für die Masse:** Viele wollen sportlichen Thrill erleben, aber nicht trainieren und überschätzen sich leicht. Innovative Aktivitäten massenfähig zu machen und „Als-ob"-Gefährlichkeit als Erfahrungen zu bieten ist eine große Chance.

Quellenverzeichnis

EINLEITUNG

1 Artikel 2.2 Grundgesetz der Bundesrepublik Deutschland
2 Siegmund-Schultze, N.: Prävention: Schon 15 Minuten Bewegung täglich senken Mortalität. In: Deutsches Ärzteblatt 2012, 109(7), S. 26, www.aerzteblatt.de/archiv/122699/Praevention-Schon-15-Minuten-Bewegung-taeglich-senken-Mortalitaet
3 www.ingo-froboese.de
4 Vgl. dazu: Zukunftsinstitut (Hg.): Healthness – Die nächste Stufe des Megatrends Gesundheit. 2012
5 de.wikipedia.org/wiki/Liste_von_Sportarten
6 Neubauer, K.: Körper und Geist: Warum Waldspaziergänge so gesund sind. In: Spiegel Online, 10.02.2014, www.spiegel.de/gesundheit/psychologie/waldspaziergaenge-warum-sie-fuer-koerper-und-geist-gesund-sind-a-952492.html
7,9+11 Techniker Krankenkasse (Hg.): Beweg Dich, Deutschland! - TK-Studie zum Bewegungsverhalten in Deutschland. 2013 www.tk.de/centaurus/servlet/contentblob/568892/Datei/113810/TK_Studienband_zur_Bewegungsumfrage.pdf
8+10 Robert Koch Institut (Hg.): Studie zur Gesundheit Erwachsener in Deutschland. 2013
12 Signium International (Hg.): Generation Y. Das Selbstverständnis der Manager von morgen. 2013
13 Europäische Kommission: Weißbuch Sport. 2007
14 Europäische Kommission: Study on the Contribution of Sport to Economic Growth and Employment in the EU. 2012
15 www.olympic.orgs
16 best for planning 2013
17 Deutsche Angestellten-Krankenkasse (Hg.): DAK-Gesundheitsreport 2013, S. 86
18 Byung-Chul H.: Duft der Zeit. Ein philosphischer Essay zur Kunst des Verweilens. 2009
19 Wagner, W.: Cristiano Ronaldo: Viva Ronaldo vs. Facebook! „67 Millionen Fans sind zu schlagen". In: SAZ-Aktuell, 14.12.2013, www.saz-aktuell.com/Sport/Cristiano-Ronaldo-Viva-Ronaldo-vs-Facebook-67-Millionen-Fans-sind-zu-schlagen-/27524.html

SHOWTIME!

1 Techniker Krankenkasse: Beweg Dich, Deutschland, TK-Studie zum Bewegungsverhalten in Deutschland 2013, S. 13, www.tk.de/centaurus/servlet/contentblob/568892/Datei/113810/TK_Studienband_zur_Bewegungsumfrage.pdf
2 www.sportvision.com
3 Stiekel, S.: Morgens Anwältin, nachmittags Profisportlerin. In: Spiegel Online, 7.3.2014, www.spiegel.de/karriere/berufsleben/nadine-hildebrand-in-sopot-die-anwaeltin-tritt-bei-der-wm-an-a-957290.html
4 Büllmann, R.: 30 Millionen Trainer – eine Leidenschaft. In: Tagesschau, 8.9.2013, www.tagesschau.de/ausland/fantasy-football100.html
5 Nevada Gaming Control Board
6 H2 Gambling Capital
7 Glücksspiel mit Sportwetten – Die Verführung Minderjähriger. In: Stern.de/TV, 10.11.13, www.stern.de/tv/sterntv/gluecksspiel-mit-sportwetten-die-verfuehrung-minderjaehriger-2069068.html
8 Bolz, N.: Loyalität in der Experience Economy. In: moneycab, 31.3.2013, www.moneycab.com/mcc/2013/05/31/prof-norbert-bolz-loyalitaet-in-der-experience-economy/
9 www.theoverdog.com
10 wearableexperiments.com
11 www.foxtel.com.au
12 Crouch, I.: No More Sochis – to Olympia. In: New Yorker, 27.8.2013, www.newyorker.com/online/blogs/sportingscene/2013/08/a-plan-to-save-the-olympic-games.html
13 fom.ru/obshchestvo/11159; Umfrage: Die Olympiade in Sotschi in russischen Umfragen, www.bpb.de/internationales/europa/russland/174789/umfrage-die-olympiade-in-sotschi-in-russischen-umfragen
14 Stalinski, S.: Interview mit Wladimir Kaminer: Hinfahren und meckern. In: Tagesschau.de, 5.2.2014, www.tagesschau.de/ausland/interview-kaminer100.html
15+16 Allensbacher Markt- und Werbeträgeranalyse (AWA) 2013
17 Verbrauchs- und Medienanalyse (VuMa) 2014
18 PricewaterhouseCoopers: Changing the game. 2011, www.pwc.com/en_GX/gx/hospitality-leisure/pdf/changing-the-game-outlook-for-the-global-sports-market-to-2015.pdf

ACHTUNG, SPORT-STYLER

1 Zurück zu den Wurzeln – Puma setzt wieder auf Sportartikel. In: Reuters Deutschland, 8.11.2013, de.reuters.com/article/topNews/idDEBEE9A703W20131108
2 Regan, T.: Interview mit Shannon Wilson und Chip Wilson: Lululemon Pants Don't Work for Some Women: Founder. In: Street Smart, Bloomberg TV, 5.11.2014, www.bloomberg.com/video/lululemon-pants-don-t-work-for-some-women-founder-ATKjgs7jQdulr_ou1z8XYg.html
3 A message from Chip Wilson. http://youtu.be/jeFMeBtNRp8
4 Wiebel, J.: Psychology of Lululemon: How Fashion Affects Fitness. In: The Atlantic, 12.12.2013, www.theatlantic.com/health/archive/2013/12/psychology-of-lululemon-how-fashion-affects-fitness/281959
5 www.betabrand.com/gray-dress-pant-sweatpants.html
6 www.betabrand.com/womens-dress-pant-yoga-pants.html
7 Shaw Brown, G.: Office Yoga Pants Take Business Casual to a New Level. In: abc News, 15.01.2014, abcnews.go.com/Lifestyle/yoga-pants-office/story?id=21541485
8 www.levi.com
9 www.howies.co.uk
10 Adam, H./Galinsky A.: Enclothed cognition. In: Journal of Experimental Social Psychology, 48/4, Juli 2012, S. 918-925, www.sciencedirect.com/science/article/pii/S0022103112000200
11 NPD Group Inc.: Strong Sales In Activewear and Athletic Footwear From January-August 2013, www.npdgroup.de
12 Spiegel Verlag: Outfit 7.0 2011
13 Verbrauchs- und Medienanalyse (VuMa) 2010 bis 2013
14 Techniker Krankenkasse (Hg.): Beweg Dich, Deutschland! - TK-Studie zum Bewegungsverhalten in Deutschland 2013, S. 16
15 7minworkoutapp.net
16 8minuteworkoutapp.com/de
17 www.chatelaine.com
18 Beega, B.: Interview mit Thomas Lipke: Der Outdoor-Markt wurde überschätzt. In: FAZ, 4.8.2013, www.faz.net/aktuell/wirtschaft/unternehmen/globetrotter-chef-im-interview-der-outdoor-markt-wurde-ueberschaetzt-12341829.html
19 www.wieland-verlag.com/gear
20 fitnessontoast.com
21 www.yogainheels.com
22 www.lydiaelisemillen.com
23 dpa: Sport-Scheck peilt eine Milliarde Euro Umsatz an. In: Der Handel, 21.5.2012, www.derhandel.de/news/unternehmen/pages/Sportartikelhandel-Sport-Scheck-peilt-eine-Milliarde-Euro-Umsatz-an-8581.html
24 Diering, C.: Versandhändler Otto will Filialgeschäft ausbauen. In: Welt, 7.10.2013, www.welt.de/wirtschaft/article120674462/Versandhaendler-Otto-will-Filialgeschaeft-ausbauen.html
25 Beega, B.: Interview mit Thomas Lipke: Der Outdoor-Markt wurde überschätzt. In: FAZ, 4.8.2013
26 Große Herausforderungen im Outdoor-Markt. In: Der Handel, 22.6.2013, www.derhandel.de/news/unternehmen/pages/Outdoor-Grosse-Herausforderungen-im-Outdoor-Markt-9826.html
27 dpa: Outdoor treibt die Umsätze im Sporthandel. In: Der Handel, 3.2.2013, www.derhandel.de/news/unternehmen/pages/Sporthandel-Outdoor-treibt-die-Umsaetze-im-Sporthandel-9443.html
28 www.wearable-technologies.com
29 myflyfit.com
30 www.fitbit.com
31 www.toryburch.com
32 www.misfitwearables.com
33 makeit.intel.com
34 www.mybasis.com
35 Campbell, M.: Intel buys smartwatch maker Basis for reported $100M to $150M. In: Apple Insider, 3.3.2014, appleinsider.com/articles/14/03/04/intel-buys-smartwatch-maker-basis-for-reported-100m-to-150m
36 www.leanmachinecanada.com
37 Gillespie, R.: Sports And Performance Food Products Continue To Climb. In: Food Processing, 5.2.2014, www.foodprocessing.com/articles/2014/sports-and-performance-food-products-continue-to-climb

DURCHBEWEGEN

1 Verbrauchs- und Medienanalyse (VuMa) 2012, 2014
2 dub.washington.edu/projects/eyes-free-yoga
3 Europäische Kommission: Eurobarometer
4 www.playparc.de
5 www.sportpark-1861.de
6 www.cycle2city.com.au
7 Dhillon, S.: Council approves 380-space bike station at Nathan Phillips Square. In: The Globe and Mail, 10.5.2013, www.theglobeandmail.com/news/toronto/council-approves-380-space-bike-station-at-nathan-phillips-square/article11876181
8 www.tiloahmels.ch
9 Bahnen ziehen, wo einst Bahnen fuhren. In: FAZ, 10.2.2014, www.faz.net/aktuell/lebensstil/drinnen-draussen/umbauplaene-fuer-pariser-metro-bahnen-ziehen-wo-einst-bahnen-fuhren-12794379.html
10 www.swisscitybootcamp.ch, www.citybootcamp.de, viennacitybootcamp.at
11 www.beach38.de
12 www.fieldlabs.eu
13 best for planning 2013
14 www.fosterandpartners.com
15 www.tfl.gov.uk/barclayscyclesuperhighways
16 www.supercykelstier.dk

ABGESCHMETTERT!

1 Eurobarometer zu Sport und körperlicher Betätigung, Europäische Kommission/ TNS Infratest, 2010
2 Interview mit Ludger Schulte-Hülsmann: Männer gehen höhere Risiken ein. In: Der Spiegel, 31/3013
3 Höllling, H./Schlack, R./Kamtsiuris, P./Butschalowsky, H./Schlaud, M./Kurth, B.: Die KIGGS-Studie, Robert-Koch-Institut. 2012 www.kiggs-studie.de
4 Kinder: Junge Deutsche sind relativ gesund. In: test 02/2014, www.test.de/Kinder-Junge-Deutsche-sind-relativ-gesund-4660998-0
5 Medienpädagogischer Forschungsverbund Südwest: KIM-STUDIE 2012
6 Medienpädagogischer Forschungsverbund Südwest: JIM-Studie 2013
7 Park, A.: Extreme Workouts: When Exercise Does More Harm than Good. In: Time, 4.6.2012, healthland.time.com/2012/06/04/extreme-workouts-when-exercise-does-more-harm-than-good/
8 How to live a heart healthy Lifestyle. http://youtu.be/sBVlXOliI8M
9 www.steinzeitstrategie.de
10 www.ueberwin.de/portale/rezept-fuer-bewegung
11 Techniker Krankenkasse (Hg.): Beweg Dich, Deutschland! - TK-Studie zum Bewegungsverhalten in Deutschland 2013, S. 31
12 Mayo, K.: How to Work Out Secretly at the Office. In: Business Week, 2.1.2013, www.businessweek.com/articles/2013-01-02/how-to-secretly-work-out-at-the-office
13 Brian: Staying Paleo in the Office. In: Paleo Lifestyle Magazine, 3.4.2013, www.paleolifestylemagazine.com/staying-paleo-in-the-office
14 paleohacks.com
15 Techniker Krankenkasse (Hg.): Beweg Dich, Deutschland! - TK-Studie zum Bewegungsverhalten in Deutschland 2013, S. 30f
16 www.juststand.org/tabid/637/language/en-US/default.aspx
17 www.stirworks.com
18 www.rebeldesk.com
19 www.enerspacecoworking.com
20 cocomsp.com
21 bkbs.brooklynboulders.com
22 www.richtigfitab50.de
23 www.mind.org.uk
24 www.hbs.edu
25 www.insead.edu
26 www.braindiving.eu

MEHR KÖNNEN, ALS MAN KANN

1 Holzer, A.: Everest, andyholzer.com
2 Vice Media Inc. (Hg.): Will High Tech Olympic Gear be the Next Doping Scandal?, motherboard.vice.com/blog/will-high-tech-olympic-gear-be-the-next-doping-scandal
3 Aron, A./ Aron, E. N./ Norman, C. (2001): Self expansion model of motivation and cognition in close relationships and beyond. In: Clark, M./ Fletcher, G. (Hg.): Blackwell's handbook of social psychology, Vol 2: Interpersonal processes. 2001
4 Csikszentmihalyi, M.: Das Flow-Erlebnis. Jenseits von Angst und Langeweile: Im Tun aufgehen. 10. Auflage. 2010
5 Hammächer, E.: Höchstleistungen über alle Grenzen hinweg. In: Konradin Medien GmbH (Hg.): Wissen.de, www.wissen.de/hoechstleistungen-ueber-alle-grenzen-hinweg
6 Bücher, N.: Extrem. Die Macht des Willens. 2011
7 Warwitz, S.: Vom Sinn des Wagens. Warum Menschen sich gefährlichen Herausforderungen stellen. In: DAV (Hrsg.): Berg. 2006
8 Burton, B.: In: CBS Interactive (Hg.): Next up in Robot Suits for the Paralized: Mind Control? www.cnet.com/news/next-up-in-robot-suits-for-the-paralyzed-mind-control. 2013
9+10 Lockheed Martin Inc.: HULC, www.lockheedmartin.com/us/products/hulc.html
11 Juniper Research Ltd. (Hg.): Smart Wearable Devices: Fitness, Healthcare, Entertainment & Enterprise 2013–2018, www.juniperresearch.com/reports/Smart_Wearable_Devices
12 Reilly, M.: Basketball sleeve knows you've hit the perfect shot. In: New Scientist (Hg.), www.newscientist.com/article/mg21929315.300-basketball-sleeveknows-youve-hit-the-perfect-shot.html. 2013
13 Information Sports technologies (Hg.): Basketball 94 Fifty, shop.94fifty.com
14 Nike Inc. (Hg.): Nike Hyperdunk+, www.nike.com/us/en_us/c/basketball/nike-basketball-hyperdunk-plus
15 Hydro Clinic (Hg.): Hydro Clinic, hydro-clinic.com
16 Cybathlon. Championship for Robot-assisted Parathletes, www.cybathlon.ethz.ch

YES, WE CAN

1 Spezial-Eurobarometer 334. Sport und körperliche Betätigung, TNS Opinion & Social (Hg.), 2010
2 TK (Hg.): Beweg Dich, Deutschland! TK-Studie zum Bewegungsverhalten der Menschen in Deutschland, 2013. www.tk.de/tk/aktionen/jahr-der-gesundheit/tk-bewegungsstudie/571006
3 Vgl. z.B. die Theorie der sozialen Identität von Henri Tajfel. Tajfel, H. (Hg.): Social Identity and Intergroup Relations, 1982
4 Mihm, A.: Deutschland hat so viele Vereine wie nie zuvor. In: FAZ, 19.7.2013. www.faz.net/aktuell/wirtschaft/menschen-wirtschaft/neuer-rekord-deutschland-hat-so-viele-vereine-wie-nie-zuvor-12288289.html
5 Braun, Sebastian (Hg.): Der Deutsche Olympische Sportbund in der Zivilgesellschaft, 2013
6 Steinbacher, R.: Kunden im Klassenzimmer. In: Süddeutsche Zeitung (Hg.), 21.1.2013. www.sueddeutsche.de/bildung/kritik-an-schulsponsoring-kunden-im-klassenzimmer-1.1576281
7 Maaßen, H.: Vereint im Rausch. In: Spiegel Online (Hg.), 2.10.2013. www.spiegel.de/gesundheit/ernaehrung/brettschneider-studie-vereinssport-haelt-jugend-nicht-vom-alkohol-ab-a-925746.html
8 Gerlach, E./ Brettschneider, W.-D.: Aufwachsen mit Sport. Befunde einer 10-jährigen Längsschnittstudie zwischen Kindheit und Adoleszenz. 2013, S. 153
9 Maaßen, H.: Vereint im Rausch. In: Spiegel Online (Hg.), 2.10.2013. www.spiegel.de/gesundheit/ernaehrung/brettschneider-studie-vereinssport-haelt-jugend-nicht-vom-alkohol-ab-a-925746.html
10 Spiegel Online (Hg.): Dead2Red-Marathon: 242 Kilometer durch die jordanische Wüste. Spiegel Online, 13.3.2014. www.spiegel.de/gesundheit/ernaehrung/dead2red-marathon-242-kilometer-durch-die-jordanische-wueste-a-958406.html

GENIALE GRENZERFAHRUNG!

1 Müller, A.: Interview mit Extremsportler Alexander Polli: „Ich war felsen-
fest überzeugt, dass ich treffe". In: FAZ, 28.4.2013, www.faz.net/aktuell/
gesellschaft/menschen/extremsportler-alexander-polli-ich-war-felsenfest-
ueberzeugt-dass-ich-treffe-12165784.html
2 Adrex.com: Highline zwischen zwei Heissluftballons, 7.2.2014, www.adrex.
com/de/erde/hochseilgarten/artikel/highline-zwischen-zwei-heisluftballons/
3 dpa: Wie sicher ist der Slopestyle-Kurs? In: FAZ, 4.2.2014, www.faz.net/
aktuell/sport/olympische-winterspiele/snowboard-wie-sicher-ist-der-slope-
style-kurs-12784892.html
4 blogs.dw.de/abenteuersport/2013/11/12/interview-alexander-polli/
(12.11.2013)
5 Eisert, R.: Das große Geschäft mit dem Kick. In: Wirtschaftswoche, 1.11.2013,
www.wiwo.de/unternehmen/dienstleister/jochen-schweizer-und-co-das-
grosse-geschaeft-mit-dem-kick-seite-all/9010664-all.html
6 www.jochen-schweizer.de
7 Brandes, C.: Surf-Movies mit Kameradrohnen – Technik küsst
Ästhetik. In: schleckysilberstein, www.schleckysilberstein.com/2014/01/
surf-movies-mit-kameradrohnen-technik-kusst-asthetik
8 www.extremesportscam.de
9 www.kickstarter.com/projects/activereplay/
trace-the-most-advanced-activity-monitor-for-actio
10 de.gopro.com
11 Merchant, B.: The Best Drones Money Can Buy. In: motherboard, 13.1.2014,
motherboard.vice.com/blog/the-best-drones-money-can-buy
12 Trendsport – „So geil wie Sex". In: Der Spiegel, 29/1998
13 Kremer, M.: Trendsportart Speedminton. In: trainingsworld, 28.11.2012,
www.trainingsworld.com/sportarten/extrem-funsport/funsport-
trendsportart-speedminton-2618704.html
14 www.fitnessbootcamp.de
15 www.munich-mash.com
16 www.redbullcrashedice.com
17 www.adrex.com
18 Coxworth, B.: World`s first cycle to the South Pole achieved. In: Gizmag.com,
27.12.2013